a1 18,10

Cordula von Brandis-Stiehl

Wenn die Sehkraft schwindet

Cordula von Brandis-Stiehl

Wenn die Sehkraft schwindet

Ein Ratgeber für sehgeschädigte Menschen und ihre Angehörigen

Verlag Urachhaus

Für Ulrich

Dieses Buch ist für blinde oder hochgradig sehbehinderte Menschen zu den üblichen Bedingungen auch auf Kassette zu beziehen bei:
Deutscher Verein der Blinden und Sehbehinderten in Studium und Beruf e. V.
Frauenbergstr. 8
D-35039 Marburg
Tel.: (0 64 21) 9 48 88-24

Für diesen Leserkreis ist der Text auch auf elektronischem Datenträger über den Verlag zu beziehen:
Verlag Urachhaus
Landhausstr. 82
D-70190 Stuttgart

ISBN 3-8251-7302-X

Erschienen 2001 im Verlag Urachhaus

Umschlagbild: Alan Schein © The Stock Market
Umschlaggestaltung: U.Weismann
Druck: Offizin Chr. Scheufele, Stuttgart

Inhalt

Einleitung

Diese Seiten sind entstanden aus meiner eigenen Betroffenheit als Mitglied einer Familie mit einer erblich bedingten degenerativen Netzhauterkrankung, an deren außergewöhnlich seltenen Komplikationen ich als Einzige völlig erblindete. Über die Netzhauterkrankung trat ich über verschiedene Selbsthilfeorganisationen im Blinden- und Sehbehindertenbereich mit Menschen in Kontakt, die unter ähnlichen oder ganz anderen Problemen litten wie ich oder meine Familie. Ein weiterer Blickwinkel für die vielschichtigen Probleme einer Seheinschränkung bietet sich mir durch meine Tätigkeit als Ärztin und Psychotherapeutin an.

Dabei versuche ich innerlich einen Schritt zurückzutreten und Entwicklungen, vermeintliche oder echte Momente des Stillstandes und zwischenmenschliche Verstrickungen aus einem gewissen Abstand zu betrachten.

Ich richte mich mit diesen Seiten an sehgeschädigte Menschen (unabhängig davon, ob blind oder sehbehindert mit einem Sehrest, ob von frühester Kindheit an oder erst im Erwachsenenalter) und an ihre Mitmenschen, seien es Angehörige, Freunde oder solche, die auf irgendeine Weise mit ihnen zu tun haben.

Viele Gedanken und Anregungen stammen aus meinem eigenen Leben oder wurden mir in viel deutlicherer Form, als ich sie erlebt habe, durch die unzähligen Gespräche mit anderen Betroffenen oder bei mir Ratsuchenden bewusst. Manches wurde durch andere an mich herangetragen, oft aus der Sicht eines Familienangehörigen. Vor manchen Phänomenen stehe ich mit

Staunen und sage mir: »Das gibt es?«, und denke für mich: »Ja, das Leben ist bunt. Es gibt nichts, was es nicht gibt.« Und schon erscheint es mir weniger fern. Die eingestreuten Anekdoten sollen verdeutlichen, wie unglücklich und zerschunden auch ich mich so manches Mal in meinem Leben gefühlt habe und wie dicht daneben für mich dann auch wieder Glück und Zufriedenheit lagen.

Ich möchte dazu beitragen, dass sich einerseits der sehbehinderte Mensch in seinen Krisen und Lebensschwierigkeiten mit all den schwankenden Stimmungslagen besser verstehen kann und dass er Vertrauen gewinnt in einen möglichen Wandlungsprozess. So wünsche ich ihm, dass er seinen eigenen Lebensweg mit möglichst viel Ausgeglichenheit und Zufriedenheit finden möge. Andererseits können sich all die Mitmenschen sehgeschädigter Personen durch die Kenntnis der natürlichen Prozesse ein besseres Verständnis für die betroffenen Angehörigen erwerben und so vielleicht zu einem einfühlsamen Begleiter auf deren persönlichem Weg werden.

Stets habe ich in meinen Schilderungen den ganzen Menschen vor Augen in all seinen Facetten: sein Geschlecht, einige seiner Persönlichkeitsmerkmale, seine Hobbies und Interessen, seine Freuden und Kümmernisse, sein Leid ebenso wie seine Seheinbuße, die aber nur ein Teil von ihm ist, wenn sie zeitweise droht, sein Erleben fast ganz zu bestimmen. Und gerade dagegen kämpfen so viele von uns an. Wenn unsere Gesprächspartner dann nur diese eine Seite bei uns sehen, sind wir darüber sehr betroffen. Mit Recht!

Ich vernachlässige eine konsequente Trennung der Begriffe »blind, sehbehindert, sehgeschädigt und sehschwach«. Sie werden auch im deutschen Sprachraum je nach geschichtlichem Hintergrund mit unterschiedlichem Sinn gefüllt. Geht es für den betroffenen Menschen um die Probleme, die durch die Diskrepanz von »noch etwas sehen« und »bestimmte Seheindrücke nicht mehr wahrnehmen« hervorgerufen werden, dann weise ich konsequent auf den Sehrest hin. Ich erlaube mir diese Vergröberung, da viele Menschen gerade nach einer Sehverschlechterung in den Momenten des Nicht-Sehens erschrecken und sich dann besonders hilflos und unsicher fühlen. Augenblicke, in denen sie die gewohnte Umwelt mit ihrem Sehrest klar zu erkennen glauben, beruhigen sie dann wieder. Wie »blind« sind sie? Wie »sehend«? Diesem zwiespältigen Erleben eines sehgeschädigten Menschen mit einem verwertbaren Sehrest widme ich immer wieder gesonderte Abschnitte.

Wenn ich hier in der Regel in einer männlichen Form auch von der in Realität weiblichen Persönlichkeit spreche, dann geschieht dies, weil ich in erster Linie den Menschen in seiner Gesamtheit vor Augen habe und erst danach, ob diese Person weiblichen oder männlichen Geschlechts ist. Wenn ich mich auf geschlechtsspezifische Unterschiede beziehe, weise ich auch konsequent darauf hin.

Marburg, im Januar 2001 Cordula von Brandis

1
Zur Einführung

Wo ist nur der goldene Mittelweg?

Es weihnachtete sehr. In meiner kleinen Junggesellenwohnung brannte schon regelmäßig bei Besuch oder zu Vorlesezeiten das erste Adventslicht. Da war es Zeit, an Weihnachtseinkäufe zu denken. Ich überlegte, plante. Die Verlockungen der Auslagen regten mich optisch nicht mehr an. Mich bedrängten deshalb folgende Überlegungen: Wo war welches Geschäft? Konnte ich dort auf angemessene Hilfe rechnen? Konnte ich meine Wünsche auch adäquat vorbringen? Verstand ich die Erklärungen der Verkäuferin richtig? Aber wer nicht wagt, der nicht gewinnt!

Ich freute mich auf die vorweihnachtliche Stimmung in den Gassen: große Kinderaugen voll Vorfreude; Eltern genervt; andere Passanten schusselig herumbummelnd; überall die Düfte nach Spekulatius, Kräuterbonbons, Glühwein, süßen Backwaren, frischer Tannenduft vom Weihnachtsbaum; hier Weihnachtsmusik, dort Straßenmusiker; dazwischen Weihnachtsmänner, erwartungsfreudige Kindergesichter um sie herum. Ich würde wieder dieses alte Kribbeln aus Kindertagen verspüren, konnte es nach meiner Erblindung wieder ganz selbstständig bis zum restlosen Sättigungsgrad genießen. Welch ein Weihnachtsgeschenk!

So machte ich mich auf den Weg; in meiner Manteltasche hütete ich meinen Einkaufszettel wie einen Schatz. Ich hatte ja an alles gedacht: Mit dem Taxi zum entferntesten, unbekannten Geschäft, dann Bummel in Richtung meiner eigenen kleinen Wohnung. Gesagt, getan!

Aber was geschah! Mein Langstock fand zwischen all den hastenden Füßen seinen gewohnten Weg nicht, da gab es Verkaufsbuden, Kinderwagen mit Müttern, die die Auslagen studierten, falsch parkende Autos, Lieferwagen. Ein wahrer Hindernislauf! Neugierig, wie die Jüngsten nun einmal sind, hielten Kinder meinen Stock fest und versuchten, selbst laut damit zu klappern. Die dazugehörigen Erwachsenen waren so mit sich beschäftigt, dass sie erst auf die Auseinandersetzung zwischen mir und ihren Sprösslingen aufmerksam wurden, wenn ich stehen blieb, meinen »Fühler« an meinen Körper hielt und die Kinderhände mir nachfolgten. Gereizt rissen die Großen die Kleinen weiter, die sich nur schweren Herzens von so einem interessanten Klappergegenstand verabschieden wollten, den ich so heftig verteidigte. Ich kam nur mühsam voran.

Ich wurde geschubst und geschoben, konnte mich auf mein Richtungsempfinden nicht mehr verlassen; ich hatte keine Chance, mich mal rechts, mal links auf dem Fußweg nach Kanaldeckeln, Straßenschildern zu orientieren. Dazwischen wurde ich beschimpft: »Immer diese Sche...Blinden! Sollen sie doch ohne Stock gehen!« Oder: »Hier ist kein Platz für Ihren Stock!«

Ich kannte ja derartige Vorfälle schon. Sie passieren eben hin und wieder mal. Aber in dieser geballten Form war es zu viel für meine friedliebende Seele. Ich kapitulierte und machte mich auf kürzestem Weg auf nach Hause. An ein rettendes Taxi war in der Fußgängerzone nicht zu denken. Wie atmete ich auf, als ich aus dem Gewühl kam, die Straßen leerer wurden. Ich beschloss, nicht über den schönen Waldweg mit einem manchmal schwierig zu findenden Zugang zu gehen, sondern die laute verkehrsreiche, fußgängerarme Hauptstraße zu nehmen, die wirklich kinderleicht zu finden ist.

Traurig zog ich meines Weges dahin. Zuerst hatte ich meine Missgeschicke nicht fassen können, dann hatte ich gemeint, mit Zurückschimpfen mir meinen Weg bahnen zu können, jetzt war ich einfach nur erschöpft und traurig. Der Straßenlärm rauschte an mir vorbei, stadtauswärts, stadteinwärts. Sicherlich nur mit fröhlichen vorweihnachtlichen Einkaufsbummlern! Und ich wollte in drei Tagen zu meinen spanischen Freunden fliegen und bedurfte doch noch so vieler Mitbringsel! Mein Herz schabte traurig am Boden entlang.

Da heulte ein Automotor direkt vor mir auf, Reifen quietschten, mein Stock wurde gepackt, zu Boden gerissen. Auch diese Situation war mir bekannt: Ein Auto kommt aus der Ausfahrt, steht quer auf meinem Fußweg, der Fahrer sieht in die Gegenrichtung nach einer passenden Lücke im Verkehr, beschleunigt dann stark und verlässt in einer Kurve den Bürgersteig. Dabei kann es geschehen, dass ich den stehenden Motor vor lauter Straßenlärm nicht gehört habe, obwohl ich ganz nah dran war, so nah, dass der losprechende Wagen mit seinem Hinterrad meinen Stock überrollt. Wenn ich diesen meinen heiligen Gegenstand richtig fest in der Hand verteidigt habe, muss ich anschließend mit einem »Krummstab« nach Hause wandeln. Dieser misshandelte Stock kann mir dann nie mehr dienen.

Als die Blechkalesche an jenem Tag vor mir über meinen Langstock raste, verspürte ich keinen Mut mehr, ihn zu verteidigen. Aber wo war jetzt der Stock? Es hatte laut gescheppert, als ich versucht hatte, mir zwischen Hintertür und Hinterreifen meinen Weg zu bahnen. Ich schimpfte dem Auto laut nach, mit beiden Händen wild in der Luft gestikulierend. Aber die Geisterhand bremste den Motor nicht ab, sondern schaltete ihn in einen höheren Gang. Dann rauschte der Verkehr wieder an mir vorbei.

Die Welt war ungerecht! Vorher hatte ich wohl einen Stock zwischen Menschengewimmel, jetzt weit und breit keinen einzigen hilfsbereiten Passanten für die Suche nach meinem »Fühler«. Was tun? Zum Rufen lagen die Häuser von der Straße zu weit ab. Wie sollte ich den vorbeibrausenden Autofahrern meine Not ohne Blindenzeichen verständlich machen? In meiner Nähe waren die Autofahrer die einzigen menschlichen Wesen, aber sie hatten sich ja wie mein »Blödmann« hinter eine blitzende Karosserie versteckt. Wo jedoch eine Autoausfahrt ist, muss es auch einen Eingang für Menschen geben, eine Klingel. Ich fand alles, wie in der Fantasie ausgemalt. Natürlich, keine Reaktion, denn die Bewohner hatten sich ja nach der Kollision mit meinem Stock mit quietschenden Reifen und Motorengeheul zu fröhlichen Weihnachtseinkäufen davongemacht.

In kleinen Trippelschritten wanderte ich wieder zum Unglücksort zurück. Hier in der Nähe musste mein Stock sein. Zuerst suchte ich nur mit den Füßen den Fußweg ab. Als ich schon sehr verzweifelt nichts fand, suchte ich mit den Händen. Meine armen Fingerkuppen sind an weiche Punkte der Blindenschrift gewöhnt, nicht an rauen Straßenschotter nach einer langen Regennacht. Schließlich war ich sicher: Hier lag wirklich kein Stock. Aber der musste doch irgendwo sein! Weitersuchen! Und noch immer keine Menschenseele. Das Gewimmel der Innenstadt erschien mir jetzt paradiesisch!

Eine leise Eingebung flüsterte es mir dann zu: »Du hast den Rinnstein noch nicht untersucht.« Und da hielt ich meinen völlig verdreckten, aber noch geraden Stock in den wunden Händen.

Wenige Tage später heilten liebe Freunde in Spanien meine blutende Seele und beglückten mich mit vorweihnachtlichem spanischem Rummel, jetzt am sicheren, lieben Arm.

Nie wieder wagte ich mich allein auf einen Weihnachtsbummel. In den folgenden Jahren nahm ich dafür stets an einem Montag Urlaub. Auch überlegte ich, ob ein Blindenführhund mir helfen könnte, mehr Freiheiten zu erleben, abwägend, ob er mir nicht auch viel feste Bindung aufbürdete, zum Beispiel wäre es dann ja mit der langen Faulheit am Sonntagvormittag vorbei. Und welche zusätzlichen Stolpersteine würde ich erst als Ärztin in einem Krankenhaus erleben! Ich blieb bei meinem Stock.

Der Abschied von einem unbeschwerten, zeitlosen Vorweihnachtsbummel fiel mir noch lange schwer. Da lenkte mich mein Mann durch seine Begleitung nur wenig ab. Die allgemeine Hektik stieß ihn immer bald ab, und er war ja nicht ein mir dienender Führhund, sondern mein lebendiger Partner.

Und heute? Mein Mann und ich haben entdeckt, dass wir auf dem Weihnachtsmarkt doch gemeinsam beide das finden, was wir suchen: Ich habe meine Düfte, kann vieles bis dahin Unbekanntes entdecken, beschnuppern, betasten, dem Klang lauschen. Mein Mann kann in Ruhe schauen, an meiner Freude teilhaben. Mit einer Kerze, gebrannten Mandeln, Lebkuchen, voll von vorweihnachtlichen Eindrücken und Wahrnehmungen ziehen wir dann Arm in Arm davon, unserem adventlich geschmückten Heim entgegen, ohne Stockschaden.

Manche Wege zu unserem Glück sind eben verschlungen!

Auf Heimdalls Spuren
(Er hörte das Gras wachsen)

Wie weise ist die Natur doch! Sie wispert mir ganz persönlich zu, wie sie im Frühjahr sprießt und wächst.

Im Vorfrühling erzählt mir der Gesang des einen oder anderen gefiederten Revierinhabers, dass er hier auf einem Busch, dort in einem Baum residiert. Die Pflanzen sind zwar noch stumm. Bald gesellt sich bei leichtem Säuselwind zum Vogelgezwitscher ein leises Blätterrauschen dazu, erst ganz fein, dann immer deutlicher. Ziehe ich an Sträuchern und Büschen entlang, durchstreift das »Klipper-Klapper« meines Langstocks den lichten Blätterwald ungestört und verliert sich entweder in der Weite des Frühlings oder bricht sich an einer entfernt zurückliegenden Häuserwand.

Die Kraft der Natur lässt die weichen Blättchen jedoch groß und größer werden, aus dem Hellgrün wird ein sattes Grün. Und damit kommt die Stunde, in der sich der Schall meines Stockes im Blätterwald verfängt und mir schon von dort zurückgeworfen wird. Ich wandle an dichten Heckenwänden entlang, unter schützenden Baumdächern. Die Natur hüllt mich sanft ein!

Jeder Busch, jeder Strauch, jeder Baum wiederholt dieses Erlebnis zu seiner Zeit jährlich stets für mich. Ich brauche nur täglich zu lauschen: Jetzt schon? Nein, warte noch ein wenig! Da, nun ist es endlich so weit!

Dem Schöpfer mein Dank!

2
Unruhige Zeiten

Hier möchte ich auf all die Gefühlsschwankungen eingehen, die uns zum Beispiel nach der Eröffnung der Diagnose eines unheilbaren Augenleidens oder auch dann überrumpeln können, wenn wir bemerken, dass wir wieder schlechter sehen.

Viele Menschen vor uns haben die Erfahrung gemacht, dass zu einem natürlichen Prozess der inneren Auseinandersetzung eine ganze Reihe sich wandelnder Empfindungen gehören. Sie haben dabei auch erlebt, dass sie nach diesen Gefühlsschwankungen wieder zu einem inneren Gleichgewicht gefunden haben. Das bedeutet, dass das Durchleben und Durchleiden eines solchen Prozesses mit all seinen Emotionen durchaus gesund ist. Diese Gefühle können Ausdruck unserer eigenen Lebendigkeit sein und uns wieder in ein Gleichgewicht von Geist, Seele und Körper bringen.

Wie ergeht es nun Menschen, die plötzlich bemerken, dass sie erheblich schlechter sehen – unabhängig davon, ob sie zuvor gut oder überhaupt schon schlecht gesehen haben?

Zeiten des »Nicht-Annehmens«

Zumeist steht am Anfang eine Zeit des Nichtfassen-Könnens bzw. Nicht-wahrhaben-Wollens. So sagen wir uns als gerade sehbehindert gewordene Menschen zum Beispiel: »Heute ist so ein dunkler Tag.« oder: »Heute habe ich schlecht geschlafen.« Der sehgeschädigte Mensch versucht, für sich rationale Begründungen zu finden. Manchmal kann ihm dabei selbst die erklärende Aussage des Augenarztes nicht oder nur wenig helfen, diese kann sogar als Zumutung empfunden werden. Die (wenn auch sich selbst vorgemachte) Ungewissheit wird noch besser ertragen, als den Tatsachen so plötzlich ins Auge sehen zu müssen.

Dies bedeutet für die Seele durchaus einen sinnvollen Schutz. Ein verunglückter Mensch erfährt ja auch nach der ersten Untersuchung nicht, wie viele Operationen in Verbindung mit welchen Schmerzen wohl noch auf ihn warten. Das Gefühl, das Geschehene nicht fassen zu können, kennen wir bei plötzlichen Todesfällen von uns nahe stehenden Menschen; hier helfen häufig in der Kultur verwurzelte Trauerrituale. Im Falle der Sehverschlechterung hält unsere Tradition leider kein Ritual zum trauernden Abschied vom sehenden Zustand bereit. Für eine kurze Zeit ist so das Festhalten an der Hoffnung auf Wiederherstellen der alten Situation durchaus legitim.

Allmählich kann jedoch die Ungewissheit nicht länger aufrecht erhalten werden. Für den außenstehenden Mitmenschen ist es klar: Jetzt muss der sehgeschädigte Mensch sich doch auf die neue Situation einstellen. Aber dem ist häufig nicht so: Dieser weiß nun zwar, dass er jetzt schlechter sieht, dass er dieses oder jenes nicht mehr tun kann, zum Beispiel Lesen mit der alten Lampe, Autofahren, aber diesen Verlust vermag er sich noch nicht offen einzugestehen. Sehgeschädigte Personen sind in dieser Zeit oft sehr geschickt, ihre Mitmenschen nur zu heimlichen Mitwissern ihrer Sehschwierigkeiten zu machen. Häufig darf in der Familie oder im Freundeskreis nicht darüber gesprochen werden.

Als sehbehinderte Menschen setzen wir uns selbst unter ungeheuerlichen Stress durch das (unausgesprochene) Redeverbot. Wir mobilisieren unsere letzten Kräfte, um lebenspraktische »Erfindungen« zu machen; dadurch glauben wir, unauffällig und doch handlungsfähig zu bleiben. Häufig verblüffen dabei diese Erfindungen, ein andermal erscheinen sie fast lächerlich und sind doch so ernst gemeint. Wer kennt nicht die Suche nach dem

Schlüsselloch bei Nacht? Als sehgeschädigte Menschen tun wir so, als suchten wir den Schlüssel in der Tasche und erspähen so nebenbei unsere Umgebung für den nächsten Schritt. So suchen wir das berühmte Schlüsselloch auch bei Tag! Oder aber wir vermeiden bestimmte Situationen, zum Beispiel wird der Besuch in der Stammkneipe angeblich plötzlich langweilig; in Wirklichkeit bewältigen wir den Weg am dunklen Abend nicht mehr, mögen dies aber nicht zugeben.

Der Preis für dieses Versteckspiel ist eine enorme Anspannung. Die Situation ist für mich mit der geforderten Kreativität während einer wichtigen Prüfung vergleichbar. Wer möchte jedoch freiwillig den Alltag als eine Dauerprüfung erleben? Diese Dauerbelastung kann zu körperlichen Folgeerkrankungen führen, zum Beispiel Bluthochdruck, Magenbeschwerden, Muskelverspannungen mit nachfolgenden Gelenkschädigungen.

Es ist nicht nur für uns als sehgeschädigte Menschen gefährlich, wenn wir weiterhin am öffentlichen Straßenverkehr teilnehmen, sei es als Auto- bzw. Radfahrer oder auch als Fußgänger, wir gefährden dadurch auch unsere Mitmenschen. Besonders kleine Kinder oder ältere Menschen sind uns schutzlos ausgeliefert – diese können schon bei geringfügigen Rempeleien durch uns folgenreich stürzen.

Zeiten der Rebellion

Mit der Zeit lässt sich die schlechte Sehfähigkeit nicht länger verleugnen: All die Energie, die bisher in das Verstecken gepresst wurde, richtet sich jetzt in Form von Rebellion gegen die eingetretene Situation. Diese neue Zeit ist gekennzeichnet von Fragen wie:

»Warum gerade ich? Warum nur so plötzlich? Warum nur so schlimm? Warum nur jetzt?«

Diese Zeit wird dominiert von dem Hadern mit dem »Schicksal«, von dem Zorn darüber. Unsere »schlechte Laune« als sehbehinderte Menschen kann grenzenlos sein: Zum Beispiel auch einem Helfer gegenüber, der in seiner Unwissenheit uns nicht optimal behandelt hat.

Die Rebellion kann sich auch in der Frage nach der Schuld der Sehverschlechterung oder der Erblindung ausdrücken: der Arzt, der die Erkrankung nicht »rechtzeitig« erkannt hat, Forscher, die nicht schnell genug forschen. Selbstvorwürfe beispielsweise wegen einer versäumten Medikation werden außenstehenden Menschen gegenüber jedoch nur selten geäußert.

Im alltäglichen Zusammenleben sind der Zorn und die Schuldzuweisungen oft schwer zu ertragen. Ebenso schwierig kann es sein, mit dem neu entdeckten Ordnungssinn zu leben: Wie groß kann die Wut eines sehgeschädigte Menschen über eine halb offenstehende Tür sein, die wir (zur eigenen Entlastung) lieber unserem Mitmenschen in den Schuh schieben, als die Verantwortung für Tür und Stirn selber zu tragen. Aber unsere Mitmenschen brauchen sich nicht für diese für alle Beteiligten schwer erträglichen Situationen verantwortlich zu fühlen, denn sie benötigen ihre Freiheiten in einem echten partnerschaftlichen Umgang ebenso wie wir als Sehgeschädigte. Es ist hier ausgesprochen schwierig, ein gesundes Mittelmaß für beide Seiten zu finden. Zum Glück wird eine gemeinsame tolerante Suche bald durch ein ausgeglichenes, befriedigendes Zusammenleben belohnt.

In dieser Zeit der Rebellion suchen sehgeschädigte Menschen häufig auch vermehrt weitere Spezialisten auf, »der Ertrinkende« greift nach dem letzten Strohhalm. Das Gefühl, wirklich alles nur Erdenkliche getan zu haben, kann enorm beruhigend sein, um dann auch mit der Sehbehinderung weiterleben zu können. So manch einer vertraut sich aber auch vergeblich dem einen oder anderen Wunderheiler an mit viel finanziellem Einsatz. Es ist eine sehr individuelle Gratwanderung zwischen der Beruhigung des Gefühls, wirklich alles für eine Linderung der Erkrankung versucht zu haben, und dem Vorwurf, das Geld zum Fenster hinausgeworfen zu haben.

Zeiten des Rückzugs

Nach der Zeit, in der die Rebellion vorherrschte, kommt häufig eine Phase, die vom Rückzug geprägt ist. Unseren Mitmenschen erscheinen wir ruhiger, auch weniger streitsüchtig, weniger schlecht gelaunt, manchmal apathischer, wir scheinen uns eher zurückziehen zu wollen. Oft wird der Umgang dadurch leichter für die Umgebung; anderen Menschen wiederum werden wir durch unsere Lustlosigkeit fremd, durch unsere Langeweile, unsere Menschenscheu, dem Ausdruck einer inneren Leere.

Wenn sich zu diesem Rückzug als Folge der inneren Auseinandersetzung mit der Sehbehinderung die Notwendigkeit des Langstockgebrauches oder anderer Hilfsmittel gesellt, aber noch die Kraft zum entsprechenden Erlernen fehlt, dann kann der Rückzug sehr ausgeprägt werden. Die Abhängigkeit von hilfsbereiten Mitmenschen kann das Maß übersteigen, das diese bereit sind, auf längere Zeit leisten zu wollen. Die eingetretene Verstrickung beider Seiten kann fatale Folgen haben. So können sich Freunde von uns distanzieren; oder es kann sich gar der Lebenspartner von uns trennen wollen. Dabei ist unser Bedürfnis nach Rückzug genauso legitim, wie wir eine gewisse Zeit die Seheinbuße nicht fassen konnten und gegen die neu eingetretene Situation hadern durften. Nur wie viel Rückzug ist legitim?

Zeiten des Suchens und Findens

Mit der Zeit kommen wir allmählich wieder aus unserem »Schneckenhaus« heraus. Wir werden lebendiger, freier, haben nicht mehr vor jeder neuen Situation Angst. Wir beginnen, nicht mehr gegen die Sehverschlechterung zu leben, sondern mit ihr, zum Beispiel auch mit angemessenen Hilfen wie Langstock, Lesegeräten und vielem anderem. Wir beginnen, eine neue Identität für uns zu entdecken, obwohl wir zum Teil doch noch dieselben sind wie zuvor, jetzt vielleicht nur an der Haltestelle nach dem richtigen Bus fragend. Das Entstehen eines solchen neuen Selbstbildes ist vergleichbar mit demjenigen von erwachsenen Kindern, deren hochbetagte Eltern verstorben sind, wodurch sie sich plötzlich als zur »älteren« Generation gehörig erleben.

Es entspricht nicht immer der Wirklichkeit, eine scharfe Trennlinie zwischen trauerndem Rückzug und aktiver Neufindung zu ziehen, beides ist oft eng miteinander verwoben. Wir kennen alle den Ausdruck des »Schwangergehens« mit einer Idee, das kann im stillen Kämmerchen bei Tränen geschehen, wir können aber auch nach außen hin unseren Alltagspflichten nachgehen und innerlich suchend nach etwas Ausschau halten, nach dem Verlorenen, aber auch nach neuen Werten, diese prüfend, ob sie zu uns passen oder nicht. Dabei ist es häufig nur ein Ausprobieren, manches muss wieder unter Schmerzen verworfen werden, anderes bleibt, zum Beispiel die Brille mit den ungewohnt getönten Kantenfiltergläsern.

Auch ein Trauernder kann nach dem Verlust eines ihm wertvollen Menschen erst wieder innerlich lebendig werden, wenn er diesen nicht mehr in seiner Leibhaftigkeit außen sucht, sondern ihn wie selbstverständlich in sich trägt als inneren Begleiter, der zu dem eigenen inneren Bild gehört. So ist es auch mit unserer Trauer um unser Augenlicht: Mit dieser gewandelten inneren Einstellung, zu der auch kleine absichernde Handgriffe statt eines Blickes mit den Augen gehören, können wir uns mit einer gewissen inneren Sicherheit wieder auf neue »Außenbilder« einlassen.

In der Regel findet im Laufe eines jeden Lebens angesichts eines schlimmen Ereignisses ein Wandlungsprozess von zuerst mehr äußeren zu später eher inneren Wertmaßstäben statt. Die meisten von uns kennen es, wie wir als Jugendliche für gleichaltrige Menschen mit einem bewunderten äußeren Merkmal geschwärmt haben; die Person dahinter war damals weniger wichtig. Später wird sich das bei den meisten ändern. Diese Wandlung von äußeren zu inneren Werten ist nur als Allgemeinregel zu verstehen, für die es auch Ausnahmen gibt. Im Laufe eines

Lebens kann so eine reife, weise Persönlichkeit entstehen, oft allerdings im Zusammenhang mit Schicksalsschlägen, wie zum Beispiel dem Eintritt einer Sehverschlechterung.

Wechselbad der Gefühle bei fortschreitenden Augenerkrankungen

Diese wechselnden Gefühlsschwankungen verlaufen nicht immer in der genannten Reihenfolge. Oft werden durch äußere Ereignisse andere schon längst überwunden geglaubte Empfindungen neu belebt. So kann es Menschen mit einer fortschreitenden Augenerkrankung geschehen, dass sie vielleicht gerade begonnen haben, sich mit der derzeitigen Sehverschlechterung zu arrangieren, als sich ihr Sehvermögen erneut verschlechtert. Die Angst vor einer neuen Sehminderung ist unser ständiger Begleiter. Allerdings ist auch die Aussage, diese oder jene Augenerkrankung ende stets mit einer Erblindung, oft genauso falsch. Blindheit ist auch nicht gleichbedeutend mit einem Dasein im Dunkeln, wie es oft von Sehenden beschrieben wird; viele spät erblindete Menschen nehmen ein Hellgrau vor ihrem inneren Auge wahr.

Eine fortschreitende Augenerkrankung muss auch in ihrem Endstadium kein Todesurteil bedeuten. Deswegen wage ich die Aussage, dass wir auch mit einer gewissen Ungewissheit über unsere zukünftige Sehkraft leben können.

Auch in anderen Bereichen scheuen wir die Ungewissheit nicht. So wissen wir doch eigentlich alle, dass Urlaubsbekanntschaften, Partnerschaften oder Ehen auseinander gehen können oder im höheren Alter durch den Tod wieder getrennt werden können, und doch lassen wir uns auf den anderen Menschen ein, können die Gegenwart mit ihm genießen. Wer oder was hindert uns, nicht auch unsere derzeitige Sinneswahrnehmung zu genießen? Jeder Mensch könnte sich doch zumindest auf die Suche machen, eine ihm angemessene Antwort darauf für sich zu finden.

3
Begleiter zu Zeiten des Umbruchs

Hiermit sollen einige Hilfestellungen gegeben werden, wie die Mitmenschen eines sehgeschädigten Menschen die schwere Zeit nach seiner Sehverschlechterung oder nach der Eröffnung einer ungewissen Diagnose besser mit ihm überstehen können. Als Begleiter vermögen sie ihm in derart unruhigen Zeiten ungemein wichtig zu sein. Wer diese stärkende Kraft einmal hat erleben dürfen, weiß sie zu schätzen und zu pflegen und sucht sie. Deswegen brauchen sich die Mitmenschen aber nicht aufzuopfern und stets ihr eigenes Leben hintanzustellen.

Grundsätzliches

Wenn ihnen der jetzt sehbehinderte Mensch etwas bedeutet, lässt sie sein Schicksal nicht unberührt: auch sie vermögen es zuerst nicht zu fassen; dann fragen sich auch viele von ihnen: »Warum ...? Wieso?« Sie können dann in sich gehen und allmählich den richtigen Umgang mit ihm finden. All das braucht allerdings seine Zeit, während der sich kaum jemand immer vorbildlich auf den bedürftigen Freund oder Angehörigen einstellen kann.

Ein andermal ist dem Mitmenschen »eine Laus über die Leber gelaufen«, ganz unvermittelt, obwohl doch eben noch mit dem sehgeschädigten Angehörigen alles so gut ging. Jetzt braucht man einfach seine Ruhe, muss einmal an sich denken, um wieder ins Gleichgewicht zu kommen. Der sehbehinderte

Mensch glaubt dann oft, dass diese Missstimmung etwas mit ihm zu tun habe; gleichzeitig möchte er vielleicht gerne eine Adresse wissen und traut sich doch nicht, gerade jetzt danach zu fragen. Wie ein begossener Pudel sitzt er da mit seinen Zweifeln. Doch: »Bitte, lieber blinder Freund, habe auch du Geduld mit mir! Später ist meine jetzige schlechte Laune sicher wieder verflogen!«

Kleine Erklärungen

Wie Trauernde nach dem Tod eines geliebten Menschen können auch Sehgeschädigte die Seheinbuße zu Anfang oft kaum fassen. Und doch ist es wahr! Dies vermögen sie bald nicht mehr zu leugnen und wollten es doch so gerne.

Sie können sich noch lange nicht zu ihrer verschlechterten Sehfähigkeit in der Öffentlichkeit bekennen. Es fällt vielen von ihnen viel leichter, mit einer passend-unpassenden Handbewegung heimlich die große Zuckerdose vor ihnen tastend zu erfassen als zuzugeben, dass sie sie nicht in ihrem Blickwinkel haben; dabei wissen alle um sie herum von ihren Schwierigkeiten. Der sehgeschädigte Freund unterdrückt vielleicht gar den Wunsch nach Milch aus der Angst heraus, das Kännchen nicht sofort erfassen zu können. Oder das deutlich gedruckte Schriftstück wird mit dem Hinweis auf die angeblich vergessene bzw. defekte Brille dem Begleiter überlassen. Ein Gespräch über die Schwierigkeiten scheint tabu zu sein.

Eine behutsame Klärung könnte so vieles ins rechte Licht rücken: Zum Beispiel im Kollegenkreis den leicht unsicheren Gang erklären, der dem eines Betrunkenen zu gleichen scheint; die offensichtlich grußlose Begegnung im halb dunklen Flur und vieles mehr. Wie sollen die Mitmenschen ahnen, was die sehbehinderten Menschen gerade in dieser oder jener Situation sehen, wenn diese es oftmals im voraus selbst nicht wissen? Ein warmherziges, offenes Wort kann hier für alle Seiten dazu beitragen,

Sicherheit im Umgang miteinander und mit sich selbst zu finden. Und das ist in großen Umbruchzeiten so nötig.

Dabei sollte die Sehverschlechterung jedoch nicht zum alles dominierenden Thema werden, neben dem ein alltäglicher, zwischenmenschlicher Gesprächsstoff keinen Platz mehr hat. Die Sehveränderung soll eher verbindend im Raum stehen dürfen. Haben die sehgeschädigten Menschen erst wieder Vertrauen in ihre eigenen Fähigkeiten gewonnen, dann fällt es ihnen auch erheblich leichter, ihre Stärken und Schwächen ihren Mitmenschen zu verdeutlichen. Und als gute Freunde mögen diese sie dann wieder so, wie sie in ihrer Gesamtpersönlichkeit sind.

Ein Umgang mit der gefürchteten Rebellion

Die Gefahr, das Thema »schlechtes Sehen« zu meiden, ist groß: Als Erwachsene haben wir alle schon bewusst oder unbewusst erfahren, dass auf die Eröffnung eines schlimmen Ereignisses bald der Zorn, das Hadern mit dem Schicksal folgt. Die dann herausbrechende Wut kann dem Gesprächspartner unheimlich werden, besonders dem friedliebenden. Aber sie ist nun einmal da, ob jemand sie will oder nicht. Je länger wir schweigen und vergeblich versuchen, den Zorn zu negieren, desto mehr wühlt er in uns. Allerdings sollte es klar sein: Für den sehgeschädigten Menschen ist das sein eigener Zorn, seine eigene Rebellion mit dem Schicksal, seine eigene schlechte Laune. Das Mitgefühl des Mitmenschen bedeutet, dass er diese Gefühle mitempfindet und dass er ebenfalls Schmerz verspürt. Und das ist *sein* Schmerz und *sein* Hadern und nicht der des betroffenen Menschen.

Nur selten tragen andere Menschen mit die Verantwortung für das Leben oder die Gesundheit einer Person mit einer Seheinbuße. So kann nach heutigem Wissensstand kein Arzt beispielsweise eine degenerative Netzhauterkrankung heilen (höchstens in wenigen Ausnahmefällen versuchen, ihr Fortschreiten zu verhindern). Dürfen diese sehgeschädigten Menschen deshalb über ihr Schicksal sogar mit Gott hadern als vielleicht dem mächtigsten Herrn und Hüter über ihr Wohlergehen? Mit dem Zufall der Genetik oder den Eltern oder den Genträgern als Schuldigen für ihren Zustand? Geschieht ein solches Hadern während eines Zwischenstadiums, braucht niemand eine Lanze über derartige Empfindungen zu brechen. Sie sind menschlich, aber auch individuell. Andere Auffassungen über das Schicksal dürfen und sollten von den Mitmenschen dem Hadernden gegenüber geäußert werden.

Schwierig ist es, mit Schuldzuweisungen an Außenstehende umzugehen, zum Beispiel für die verlegten Schlüssel. Sind die sehbehinderten Menschen die Urheber des »Unglücks«, kann die Situation für sie unerträglich werden. Die Lage ist leichter auszuhalten, wenn sie die Schuld zumindest zeitweise anderen in die Schuhe schieben könnten, zum Beispiel den nächsten Angehörigen. Da eine gewisse konstante Ordnung in der Wohnung die sehenden Mitmenschen nicht in dem Maß wie die schlecht sehenden belohnt, geschieht es den Blinden bei aller Rücksicht einfach häufig, dass sie den schnellen Taten der Sehenden nicht ohne verbale Zusatzinformation folgen können. Haben sie deswegen das Anrecht, bei ihren Mitmenschen ihr Ordnungssystem, ein absolutes Befolgen ihrer Regeln einzufordern? Das heißt letztlich: Wünschen sich die sehgeschädigten Menschen einen Sklaven oder einen freien, lebendigen Partner?

Beide Partner müssen hier lernen, die eigenen Bedürfnisse und Wünsche dem anderen gegenüber klar zu äußern, bei Missgeschicken aber auch wieder tolerant zu sein. Klare Absprachen über unterschiedliche Verantwortlichkeiten können sehr hilfreich sein, in großen Umbruchzeiten vielleicht auch nur vorübergehend. Übernimmt der sehgeschädigte Mensch die Verantwortung über Teilbereiche, dann sollte er auch dafür einstehen. Das muss jedoch nicht bedeuten, dass er seinen Kummer über ein unerwartetes Missgeschick nicht bei seinem nächsten Mitmenschen äußern und bei ihm auf ein Wort des Mitgefühls hoffen darf. Die Schuld dafür trägt dieser deshalb aber noch lange nicht, selbst wenn der blinde Mensch die Tätigkeit zu dessen Entlastung übernommen hat.

Schwieriger Rückzug

Während einer Zeit des vermehrten Rückzugs, in der die sehgeschädigten Menschen meist ruhiger werden, können sie auf ihre Mitmenschen auch egoistisch wirken. Wie gut kann es den blinden Menschen jedoch tun, ihre wunde Seele einfach einmal »baumeln« zu lassen, sie nicht ständig zu neuen-alten Unwägbarkeiten antreiben zu müssen. Es kann wie ein wahrer Jungbrunnen wirken, wenn sie sich von ihren schnell helfenden Angehörigen auch einmal verwöhnen lassen können. Das vermag ihnen enorme Kraft für neue Taten zu spenden.

Durch den mangelnden Elan des blinden Menschen geraten die Mitmenschen leicht in Versuchung, den Sehgeschädigten zu schubsen, überträgt er ihnen doch Initiativen, die letztlich seine eigenen sein sollten. Fehlt ihm auch noch die Energie für jegliche Willensäußerung, so kann sein Gegenüber nach eigenem Gutdünken handeln, das nicht das des sehbehinderten Menschen sein muss. Oder der Helfer richtet sich nach den eigenen Ängsten und versucht, sie durch das Handeln zu verringern. Als Handelnder kann er später auch Undank ernten und wünscht sich vielleicht die »Apathie« des Sehgeschädigten wieder herbei. Es kann aber auch sein, dass die Sehgeschädigten die Helfer mit ihrer Tatenlosigkeit derart nerven, dass diese völlig frustriert förmlich aus deren Gesichtsfeld verschwinden.

Es gibt keine Allgemeinregeln, wie viel sich blinde Personen hier und jetzt verwöhnen lassen dürfen und wann die Mitmenschen beginnen dürfen, sich ausgenutzt zu fühlen.

Die helfenden Mitmenschen können auch ihre Macht unter Beweis stellen wollen, indem sie drohen, bei Undank dem blinden Freund weitere Hilfe zu entziehen. Dabei hatte dieser doch versucht, seine vagen Wünsche so deutlich zu äußern, wie es ihm nur möglich war. Beide Seiten merken, wie schwer das Miteinander ist.

In einer Zeit derartiger Belastungen verschärfen sich häufig bestehende Problemchen und können sich zu fast unüberwindlichen Hindernissen im Zusammenleben entwickeln. Frühere Ausweichstrategien werden als unzureichend erlebt oder stehen gar nicht mehr zur Verfügung wie zum Beispiel ein einsamer Spaziergang.

Auf der Suche nach Neuem

Werden die sehgeschädigten Menschen dann allmählich wieder aktiver, verändert sich das zuvor erreichte Gleichgewicht erneut:

Manches kehrt zu seiner (fast) bekannten Gewohnheit zurück, aber das eine oder andere Mal entdecken die blinden Menschen ja auch alte Vorlieben wieder in gewandelter Form, von denen ihre Freunde gar nichts wussten – großes Staunen kann folgen. Oder sie entdecken völlig neue Gefilde. Anfangs stoßen sie dabei häufig bald an die noch sehr engen Grenzen ihres neuen Lebens. Ihr Mut scheint durch ein banales Missgeschick bestraft zu werden. Es kann Enttäuschung folgen, erneutes Hadern, Rückzug und (hoffentlich) ein erneuter Anlauf mit … hoffentlich mehr Erfolg.

Wie oft halten die Mitmenschen bei den »Abenteuern« den Atem an! Gespräche miteinander können gemeinsames Vertrauen schaffen; das vermag dazu beizutragen, Klippen zu erkennen, sie zuerst in Gedanken zu bewältigen oder zu minimieren und letztlich Ausweichstrategien zu entwerfen. Auch ein Bericht über das Meistern der Unwägbarkeiten hilft, die Angst des furchtsameren Partners zu reduzieren.

Es erscheint mir schier unmöglich, in Zeiten so großer Umbrüche, wie es eine Sehverschlechterung darstellt, weiterhin auf herkömmlichem Wege spannungsarm miteinander auszukommen. Die Kenntnis über häufig dabei auftretende Empfindungen und Handlungsmuster kann jedoch dazu beitragen, ein wenig mehr Verständnis füreinander zu wecken, heftige gegenseitige Verwundungen zu verhindern und dann auch zu einem tieferen echten mitmenschlichen Umgang zurückzufinden. So können wir alle, blinde und auch sehende Menschen, bewusst die Freiheit und Lebendigkeit für ein zufriedenes Leben wiedergewinnen.

Es ist wichtig, dass der Begleiter eines sehgeschädigten Menschen während der Zeit der inneren Auseinandersetzung mit dem Schicksal der Seheinschränkung in Momenten der Schwierigkeiten bewusst anwesend ist und die Stützen und Stärken aufmerksam begleitet – denn das Glas ist zwar für den Blinden halb leer geworden, trotzdem ist es aber noch halb voll.

Die Sinneswahrnehmung und damit die Erlebnisfähigkeit scheinen bei blinden Menschen zwar auf den ersten »Blick« eingeschränkt, aber der vermeintliche »Rest« ist weitaus größer, als ich es vor meiner eigenen Erblindung nur annäherungsweise geahnt habe. Eine mitmenschliche Begleitung in solch stürmischen Zeiten sollte deswegen ebenso reale befriedigende Betätigungen umfassen wie die Beschäftigung mit ideellen Werten. Dies können alte Hobbies sein, Radiohören, Kassettenlauschen oder auch eine neue, gewandelte innere Auseinandersetzung mit dem Glauben, in dem wir aufgewachsen sind, oder eine Suche nach Hilfestellungen aus anderen Religionen. Meine eigene Welt ist und bleibt bunt! Eng sind die Grenzen nur in unseren Köpfen. In Wirklichkeit ist der Spielraum viel größer!

4
Hingenommene Sehverschlechterung?

Was wollen so manche psychologische Schriften sagen, wenn sie nach einem für den Betreffenden schlimmen Ereignis von einer »Akzeptanz« dessen sprechen? Ich selbst wage es nicht, ein so großes Wort in den Mund zu nehmen, denn meiner Erfahrung nach gibt es nach einem kummervollen Erlebnis nur ein Leben in einem neuen Gleichgewicht mit mir und mit meiner Umwelt, so auch nach einer Erblindung.

Wir können uns in unserer gesamten Persönlichkeit als ein Haus betrachten. Viele Aspekte von uns entsprechen den realen Hausteilen: tragende Wände, Fenster, die uns nach außen blicken lassen, ein Fußboden, auf dem wir fest mit beiden Beinen stehen, Decken, die uns nach oben abgrenzen, ein Wohnzimmer mit einer Couch, in dem wir uns wohl fühlen, eine Küche, in der wir uns stärken können, ein Hobbyraum zum Werkeln, ein Keller für die abgelegten Dinge und vieles andere mehr. Wenn uns ein lieber Mitmensch oder ein Teil unserer Gesundheit oder das Augenlicht genommen wird, dann ist das entstehende Gefühl damit vergleichbar, als bräche ein Teil dieses Hauses zusammen. Der eine oder andere Mensch meint dann, nur noch bruchstückhaft, gleichsam als Ruine zu existieren.

Diese Ruine abzureißen gleicht einem Auslöschen seiner selbst. So mancher mag in einer sehr bedrohlichen Lage dies sogar in Erwägung ziehen. Es ist wohl bekannt, dass bekümmerte Menschen nach dem Verlust eines geliebten Menschen oder nach einschneidenden Veränderungen in der Gesundheit häufiger sterben oder verunglücken. Dies mag damit zusammenhängen, dass sie sich während einer solchen Zeit selbst weniger wichtig scheinen. Sie nehmen sich weniger in Acht, werden risikobereiter und erleiden somit leicht zum Beispiel einen Verkehrsunfall. Oder sind sie einfach vermehrt in sich gekehrt, mit der Betrachtung der »Ruine« beschäftigt, indem sie diese in ihrem ganzen Ausmaß zu erfassen suchen oder über ihre Reparatur nachdenken, sodass sie sich den alltäglichen Gefahren weniger zuwenden können? Oder vernachlässigen sie in ihrem Kummer über den eingestürzten Hausteil die alltägliche Sorge für den unbeschädigten Rest, sodass auch dieser zur Ruine wird?

Aber allmählich werden sie nach vielfältigen Empfindungsschwankungen meist wieder in der Lage sein, auch die größte Ruine neu herzurichten und für sich bewohnbar zu machen. Sie beginnen, das Haus des eigenen Seins wieder als vollständig zu erleben. Es ist wichtig, dass sie grundsätzlich die Freiheit des Handelns, Denkens, Empfindens und Fantasierens wiedererlangen, ihre innere Lebendigkeit, ein Gefühl für die Vollständigkeit ihres Körpers; all dies schien ja während der Auseinandersetzung mit dem schlimmen Ereignis verloren gegangen zu sein.

Ziel einer jeden Auseinandersetzung mit einem kummervollen Erlebnis ist es, dass wir am Ende wieder in einem lebendigen Gleichgewicht mit uns und unserer Umwelt stehen. Insgesamt sollten wir wieder »ja« sagen können, wo wir »ja« meinen und »nein« sagen, wo wir »nein« meinen. Wir brauchen Dingen nicht mehr auszuweichen, nur weil sie ein für uns besorgniserregendes Merkmal tragen. Alle Menschen, nicht nur sehgeschädigte Personen, müssen im Laufe ihres Lebens immer wieder lernen, Vorurteile zu korrigieren: So hörte ich den Kommentar eines kleinen Mädchens zu ihrer Freundin nach einem kurzen Plausch mit mir: »Du, Blinde sind doch eigentlich immer doof. Aber die Frau da, die ist nett.«

Begegnung mit unseren Grenzen

Häufig erleben wir als Patient mit einer fortschreitenden Augenerkrankung den Abschied von einer geliebten oder einer als sehr wichtig bewerteten Tätigkeit als besonders schmerzhaft. Manchmal beschreiben wir dies dann als den eigentlichen Übergang vom sehenden Zustand zur »Blindheit«. Im Nachhinein können wir aber auch sehr wohl für uns registrieren, dass es sich aktuell noch um eine Sehschwäche mit einem Sehrest handelt und nicht unbedingt um »Blindheit nach dem Gesetz«. Dann können wir diesen Verlust als einen Markstein für das Gefühl betrachten, dass sich in unserem Körper und in uns »etwas« verändert hat.

Genauso kann es auch geschehen, dass obiger Abschied zwar weh tut, aber die Erkenntnis, wesentlich sehbehindert zu sein, in Zusammenhang mit einer alltäglichen Verrichtung steht, zum Beispiel der Unfähigkeit, die Waschmaschine exakt einzustellen. Nur wenn wir uns mit einer solchen Grenze in irgendeiner mehr oder weniger bewussten Form arrangieren, können wir sie auch hinnehmen und brauchen ihr nicht voll Panik auszuweichen. So lassen beispielsweise tastbare oder grellbunte Markierungen am Drehschalter der Waschmaschine aus einer Horrorverrichtung für die korrekte Einstellung wieder eine alltägliche Handlung werden.

Kommen wir als sehgeschädigte Menschen aus unserem Schneckenhaus heraus, stoßen wir früher oder später an unsere zuerst noch engen Grenzen. Das tut besonders am Anfang sehr weh. Der zuvor beschriebene Prozess der inneren Auseinandersetzung kann dann wieder von vorne beginnen mit Leugnen, Rebellion, Rückzug, Wiederanfang. Die Zeit, die wir dadurch in Anspruch genommen werden, kann sehr unterschiedlich lange dauern, von Sekunden über Minuten, Stunden, Tagen bis zu Wochen oder gar Monaten.

So fährt es uns zum Beispiel durch den Kopf: »Da kann doch kein Fahrrad mitten im Weg sein, an dem so wichtigen Orientierungspfahl! – Warum muss gerade da das Fahrrad stehen! – Welcher Idiot hat das denn gerade dahin gestellt?« Es folgt Resignation. Dann erinnern wir uns in einem ruhigeren Moment vielleicht, wie wir als noch gut Sehende unser Rad auch immer gern an einem Straßenschild befestigt hatten. Nach einiger Zeit lernen wir möglicherweise sogar den Besitzer kennen.

Täglich stoßen wir an unsere Grenzen. Diesen Schmerz kann uns niemand nehmen. Mit der Zeit kann er sich aber auch verändern, jede Runde einer inneren Auseinandersetzung kann ihn uns weniger schneidend erleben lassen. Während der neuerlichen Trauer sind wir durchaus in unserem Erleben wieder eingeschränkt. Erst dann führen wir ein ausgeglichenes Leben mit der Seheinbuße, wenn wir uns dazwischen immer wieder als lebendig, mitschwingend mit unserer Umwelt empfinden können.

Gibt es dagegen größere, alltägliche Lebensbereiche, die früher ganz selbstverständlich zu unserem Leben gehörten und mit denen wir nach der Sehverschlechterung nichts mehr zu tun haben wollen und denen wir nur mit Ärger oder Angst begegnen können, dann befinden wir uns nicht in einem harmonischen Gleichgewicht. Ich denke dabei zum Beispiel an den ehemaligen begeisterten Autofahrer, der jetzt zu einem nörgelnden Beifahrer geworden ist aus Trauer darüber, dass ihm die freie Beweglichkeit entzogen wurde.

Wichtige Lebensbereiche für eine Zufriedenheit

Ich möchte im Folgenden einige wichtige Bereiche näher betrachten, die das Gesagte erläutern sollen:

Im persönlichen Bereich kann ich mir folgende Leitfragen stellen:
- Wie komme ich ganz alleine zurecht? Zum Beispiel für mich als Blinde bei der alltäglichen Toilette? Finde ich mich in der Situation wieder, dass der Morgenkaffee (über meinen Finger?) in meine Tasse gelangt?

- Wie bewahre ich meine persönliche Note? Sind das zum Beispiel bei meiner Bekleidung meine für mich typischen Farbkombinationen? Oder greife ich stets zu solchen, die für mein Empfinden ausgesprochen dezent-langweilig sind aus Angst, zu grell zu wirken? Welche ungewohnte Tönung der speziell gefärbten Brillengläser erachte ich noch als mit meiner Eitelkeit vereinbar?
- Hierzu zähle ich aber auch das Gefühl für meinen Körper, den ich vom Scheitel bis zur Sohle als meinen lebendigen Partner für meine Gefühle erleben sollte: Wie klein dürfen die einst langen Schritte sein, sodass ich mich noch in meinem Gangbild wiedererkenne? Wie hoch darf ich meine Schultern ziehen angesichts befürchteter Gefahren auf meinem Weg?

Im zwischenmenschlichen Bereich leiten mich für ein ausgeglichenes Dasein unter anderem folgende Überlegungen:
- Wie komme ich mit meinen Mitmenschen aus? Wenden sie sich mir zu, weil ich ihnen leid tue oder weil sie mich mögen?
- Ist mein Wunsch nach Selbstständigkeit und der nach menschlicher Nähe ausgeglichen? Muss ich die Nähe durch Hilfsbedürftigkeit einfordern?
- Muss ich meine Selbstständigkeit unter Aufgebot aller Kräfte, unter Lebensgefahr für mich oder meine Mitmenschen unter Beweis stellen? Zum Beispiel als hochgradig sehbehinderter Autofahrer im öffentlichen Straßenverkehr.
- Kann ich sowohl mir Nahestehenden wie auch Außenstehenden klar machen, welche besonderen Hilfen ich brauche und wo ich selbstständig bin?
- Wo lasse ich mich zum vermeintlichen Wohle der anderen fremdbestimmen? Ich denke hier beim Zug-Aus- und Einsteigen an den eifrigen Helfer, wenn dieser mich an meiner Stockhand stützen möchte und ich mir damit (protestlos) mein »letztes Auge« zuhalten lasse.
- Wie schaffe ich es, mir angemessene Helfer, Vorleser zu suchen? Wo finde ich sie? (Arbeitsamt? Kirchengemeinde? An-

schlag beim Bäcker? Nachbarschaftshilfe, Tauschbörse?) Wie erreiche ich es, mich nicht immer auf der »Nehmerseite« zu fühlen?

In das Freizeitleben fließen sowohl der ganz persönliche Bereich als auch der zwischenmenschliche mit ein. Wir führen nur dann ein wirklich ausgeglichenes Leben, wenn wir in der Lage sind, auch unsere freie Zeit für uns sinnvoll zu gestalten. Der ehemalige Kunstmaler kann nach einer Seheinschränkung zu einem taktilen Medium finden oder als Kunstjournalist über die Meinung der Ausstellungsbesucher berichten. Auch das kann immer wieder weh tun, kann aber auch beglücken. Oder der hochgradig sehbehinderte Fußballspieler kann entdecken, wie die Atmosphäre auf der Zuschauertribüne mit all ihrem Leben sein kann, mit dem mitmenschlichen Kontakt, der entsteht, wenn die gut sehenden Zuschauer ihm einiges vom Geschehen berichten. Der Kummer über den Verlust der direkten Teilnahme am Geschehen kann ihn aber auch dazu bringen, seinen Familienangehörigen die Sportschau im Fernsehen zu verbieten.

In das Berufsleben fließen Gesichtspunkte aus dem Privatleben und solche aus der Zwischenmenschlichkeit ein. Im Unterschied zum Freizeitleben kann ich mir das berufliche Umfeld nur in Grenzen frei wählen. Einerseits muss ich zu meinen ganz persönlichen Werten stehen, die durch Kollegen immer wieder in Frage gestellt werden können, zum Beispiel: warum ich plötzlich nicht mehr mit dem eigenen Auto fahre – ich muss mich öffentlich zu meiner bisher geheim gehaltenen Sehverschlechterung bekennen! Zum anderen stehe ich in engem Kontakt zu meinen Mitmenschen, mit all den Reibereien, Konflikten, aber auch Chancen zu einem Erleben von echter Wärme und Mitmenschlichkeit.

Im Beruf muss ich flexibel von der Vorgesetztenrolle in die eines Kollegen, oder eines Untergebenen springen. Einmal bin ich Mutter oder Vater dem Auszubildenden gegenüber, dann ältere Schwester angesichts des Kummers meines Mitarbeiters und dann für den Nächsten das »Sorgenkind« mit meinem eigenen »Päckchen«. Und alles zur rechten Zeit in der angemessenen Form. Wenn die Augen versagen, brauche ich da schon einen guten »siebten Sinn«, um die Gunst der Stunde stets zu ahnen.

Ich muss im Berufsleben auch präziser Stellung zu meinem inneren Leistungsanspruch beziehen: Bei welchen Tätigkeiten halte ich ihn hoch, bringe mich an die Grenze der Überforderung? Wo kann ich Fünfe gerade sein lassen, bewahre aber auch das Gesicht vor den Kollegen, um nicht als Faulpelz abgetan zu werden? Hier muss ich tagtäglich immer wieder meinen goldenen Mittelweg suchen und vor allem auch finden. Wie viel darf ich während meiner schwierigen Zeit der inneren Auseinandersetzung den Mitarbeitern von meiner Tätigkeit überlassen, wann ist diese Gefälligkeit ausgeschöpft und bin ich wieder gefordert? Die Fragen hier kennen keine allgemein gültige Antwort.

Ganz Individuelles und doch Allgemeingültiges

Warum die eine Erfahrung so ganz besonders schmerzhaft ist oder so viel Angst in uns wachruft, eine andere dagegen weniger, hängt einerseits davon ab, wie unverhofft oder auch wie ganz besonders häufig die Situation eintritt, andererseits aber auch davon, ob wir es mit früheren schmerzhaften Erlebnissen bei ähnlichen Situationen unbewusst in Verbindung bringen, die nun wieder wachgerufen werden. Schließlich können Schmerz und Angst auch von Befürchtungen abhängen, die wir mit der Situation in Verbindung bringen, zum Beispiel der befürchteten Zugverspätung. Da diese Gefühle sehr individuell sind, kann ein Außenstehender die Größe des Schmerzes oder der Angst oft nur schwer beurteilen. Wie sollte er das auch, wenn wir selbst doch allzu oft davon überrumpelt werden! Im Laufe der Zeit haben wir jedoch die Chance, unsere assoziierten Befürchtungen durch eine neue Realität zu korrigieren und damit den Schmerz zu mildern und die Angst zu überwinden.

Nochmals zurück zu dem Vergleich der Persönlichkeit mit dem Haus: Wir ahnen häufig die Zeit seiner Entstehung, wissen von vorgenommenen Veränderungen sowie Umbauten oder Reparaturen oder haben sie direkt erlebt. Wir haben unsere Vorstellungen und Erwartungen dabei immer wieder verändert und haben doch eine befriedigende Lösung gefunden. Gerade die im Laufe der Zeit sich vollziehenden Wandlungen, basierend auf den bisherigen Gegebenheiten, machen den Charme eines wohnlichen Hauses aus. So wird auch unsere Einstellung zu unseren (engen? starren? flexiblen?) Grenzen und damit auch das Erleben des Schmerzes bei einer Kollision ganz wesentlich von unseren Vorstellungen und Erwartungen beeinflusst: Der jugendliche Zwei-Meter-Mann ist stolz auf seine »männliche« Gestalt, ihn stört das kurze Hotelbett nicht wesentlich; das wird vielleicht anders im reiferen Alter, wenn seine Körpergröße und -form selbstverständlich zu ihm gehören. Wer setzt aber die Erwartungen fest, nach denen wir uns als Erwachsene richten?

Es ist nicht zu leugnen: Wenn wir zu unserem Leben mit der Seheinschränkung »Ja« sagen, verändern wir uns zwangsläufig in vieler Hinsicht, ob wir es wollen oder nicht. Die Wandlung ist eine zwangsläufige Folge der Bejahung. So war es doch auch, als wir uns zu unserem Partner bekannt haben. Und das Leben steckt voller Überraschungen und Veränderungen, beginnend im Säuglingsalter mit den rasanten Fortschritten der Entwicklung, über die Zeit der Rebellion während der Pubertät bis hin zum Dasein als vielleicht gütige, tolerante Großeltern.

5
Wer bin ich nun? Standfestigkeit oder Flexibilität?

Durch eine Sehverschlechterung kann unser gesamtes Lebensgefüge in Frage gestellt werden. Es verändert sich sowohl das ganz persönliche Bild, das wir von uns besitzen, als auch dasjenige, mit dem wir auf unsere Mitmenschen wirken, ob bewusst oder unbewusst. Betroffen ist der geistig-seelische Aspekt ebenso wie der körperliche.

Sowohl Selbst- wie Fremdbild wandeln sich im Laufe eines Lebens bei allen Menschen. Im »normalen« Alterungsprozess haben wir in der Regel – bis auf wenige Sprünge – Zeit, unser aktuelles Selbstbild mit der Wirklichkeit und dem Bild, das Außenstehende über uns haben, zu vergleichen, geringe Abweichungen zu registrieren und uns vom alten Zustand in »kleinen Schritten« zu verabschieden. Plötzliche, schnelle Veränderungen erfordern auch eine schnelle Korrektur vom vorangegangenen Zustand. … Solche Ereignisse geschehen durchaus im »normalen«, gesunden Leben, zum Beispiel in der Pubertät, bei der Berentung; auch Mütter kennen die plötzliche Trauer, wenn sie sich an der längst vergangenen Lebensphase ihrer Kinder orientiert haben und diesen Irrtum eines Tages bemerken. Sie bedeuten einen größeren Abschiedsschmerz. Endgültige Ereignisse wie der Tod eines Menschen, wie der irreversible Verlust eines Organs, auch die Entdeckung, anders zu sein als andere, betreffen uns nochmals in erheblichem Maße und erfordern große Anstrengungen der Auseinandersetzung.

An diesen Beispielen wird aber auch deutlich, dass wir im Laufe eines sich immer wieder wandelnden Lebens wahre »Anpassungsspezialisten« in Bezug auf unser Selbst- und Fremdbild werden können. Wir befragen dabei die Wurzeln unseres Lebensbaumes nach ihrem Halt. Gleichzeitig lassen wir seine Zweige frei im Wind wehen, einen angenehmen »Platz an der Sonne« suchend.

Manche Menschen werden mit zunehmendem Alter zu müde dazu, sich immer neuen Gegebenheiten des Lebens anzupassen. Andere, selbst Hochbetagte scheinen regelrechte »Amphibien« im Leben zu sein; sie sind deshalb nicht weniger traurig über einen Schicksalsschlag. Sie sind jedoch vielleicht besser in der Lage, sich auf ihre Stärken zu besinnen und, sich an Stützpfeilern entlanghangelnd, wieder festen Boden unter den Füßen zu gewinnen. Haben ihre Lebensbäume kräftigere Wurzeln? Oder sind ihre Zweiglein kecker, flexibler? Oder sind ihnen ihre Baumnachbarn in deren gleichmäßigen Formen weniger Vorbild als vielmehr ein Bekenntnis zu den unvorhergesehenen eigenen Verdickungen und Ausbuchtungen an Stamm und Ästen, statt sehnsüchtig der Vorstellung von Ebenmäßigkeit und Schönheit nachzuhängen?

Stärkende Wurzeln

Was können Wurzeln während einer natürlichen Zeit der inneren Auseinandersetzung bewirken? Bei Kleinkindern kennen wir alle das Phänomen: Das Kind geht spielerisch auf Entdeckungstour. Plötzlich ruft es fragend nach der Mutter. Diese braucht nur mit einem »Ja, hier bin ich!« zu antworten, und das Kind kann mit der Gewissheit ihrer Anwesenheit weitere Neuheiten erkunden. Die mütterliche Anwesenheit gibt ihm Sicherheit und ein Gefühl der Geborgenheit.

Uns Erwachsenen geht es angesichts eines schlimmen Ereignisses nicht anders: Auch wir brauchen in einer Zeit verzweifelter Suche nach neuen Werten, nach einem neuen Lebenssinn, nach einem neuen Selbst feste Bezugspunkte, von denen aus die

Entdeckung in die neue Wirklichkeit starten kann. Fehlen diese, ist eine Suche schier unmöglich. Ein solcher Anhaltspunkt kann der Verstorbene sein, mit dem wir als Trauernde immer wieder Zwiesprache halten, nicht nur am Grab. Oder die erlebte felsenfeste Gewissheit, dass es mitfühlende Begleiter gibt für den Fall, dass wir unseren jetzigen Zustand nicht mehr allein aushalten könnten. Wesentliche Stützpfeiler können auch real anwesende Mitmenschen sein, derer wir uns allerdings immer wieder vergewissern müssen.

Auch eine geliebte Beschäftigung kann in stürmischen Zeiten einen Anhaltspunkt für uns darstellen und uns dadurch wieder als den eigenen Akteur unseres Lebens, unseres Wohlbefindens erleben lassen. Anderen Menschen gibt es Halt und Stütze, wenn sie besondere Örtlichkeiten aufsuchen oder Begebenheiten aus der Erinnerung wachrufen. Dabei werden meist angenehme Ereignisse aus der Vergangenheit mit einem Gefühl der Stärke in Verbindung gebracht oder zumindest in der Fantasie erhofft. Diese Stärkung benötigen wir sehgeschädigten Menschen gerade angesichts der Fülle erlebter Defizite.

Der gesamte Körper wird oft durch die Wirkung, die die defekten Sehzellen auf unsere körperliche und seelische Befindlichkeit haben, als unvollkommen erlebt. Da können wir uns über die Beschäftigung mit diesem Körper und seiner Beweglichkeit wieder stärken. Dies kann durch Entspannungsübungen erfolgen, durch Tanzen oder Sport jeder Art, solange die Freude am Spüren des Körpers im Vordergrund steht und weniger der Wettkampf oder ein präziser Bewegungsablauf.

Das Bewusstsein, dass wir auch angesichts eines schlimmen Ereignisses – wie einer Sehverschlechterung – noch weiter existieren, wenn auch vielleicht innerlich mit einem Gefühl der Befremdlichkeit, der Benommenheit, der Starre, der inneren Leere, kann für die Zukunft ebenfalls hilfreich sein.

Eine kräftigende »Wurzel« kann aber auch etwas Transzendentales sein, Gott, der christliche Glaube, je nach Kultur auch Allah, Buddha, der Glaube ganz allgemein an etwas Höheres in Verbindung mit dem Gefühl, bei allem Kummer nicht verlassen zu sein. Und der Gedanke an das Schicksal, das mit uns etwas vorhat, indem es etwas von uns verlangt, das wir bewältigen sollen.

Ein möglicher Aufbruch

Durch eine Sehverschlechterung fühlen wir uns manchmal körperlich in unserer eigenen ganzheitlichen Wahrnehmung und dadurch auch in unserer Handlungsfähigkeit beschnitten. Unser Denken kann von der Sorge und Angst um eine ungewisse Zukunft beherrscht werden: Was wird aus unserer Selbstständigkeit? Werden wir abhängig wie kleine Kinder? Was wird aus Beruf, Familie? Aus den geliebten Hobbies, die meist mit den Augen in Verbindung standen? Wird sich die Sehverschlechterung fortsetzen? Da wir uns als ungeschickt handelnd erleben, den aktuellen und zukünftigen Aufgaben des Alltagslebens kaum gewachsen, fühlen wir uns weniger wert, trauen uns kleinere Aufgaben nicht mehr zu, von einem beruflichen Alltag ganz zu schweigen. Ein Kleinkind scheint mehr zu vermögen, es hat das »Leben« noch vor sich.

Durch die Rückbesinnung auf stärkende Wurzeln können wir einen Funken Selbstbewusstsein wiedergewinnen. Wenn wir ihn dort belassen, verglimmt er allerdings schnell. Dieser Funke sollte aber unser Denken beflügeln und Hoffnung verleihen und uns zu vorsichtig tastenden Handlungen anregen. Das kann die Angst vor einem Dasein als »unfähiger Mensch« reduzieren und den Funken Selbstbestätigung am Leben erhalten. Wenn dieser Funke zu einem Feuerchen geworden ist, dann kann dieses Feuerchen auch den schmerzhaften Verzicht beleuchten, ohne dass es sofort vor Schreck wieder erlischt.

Positive Erlebnisse können darin bestehen, dass wir ganz eigene persönliche Tätigkeiten verrichten wie Maniküre, das leckere Frühstücksei allein verzehren oder Ähnliches. Auch geglückte Begegnungen zähle ich dazu. Einen vorsichtigen Anfang können die Kontakte zu lieben Freunden machen, die uns so mögen, wie wir sind, und die einfühlsam auf uns eingehen. Später erproben wir dann unsere Kompetenzen beim nahe gelegenen Bäcker. Erste wahre Abenteuer gesellen sich dazu, zum Beispiel als Frau ein erster Schminkversuch oder der erste Kontakt mit dem weißen Langstock (zu dunkler Nacht?).

Das Wechselspiel zwischen uns und den anderen

Ein neues Bild von uns kann niemals nur im stillen Kämmerlein entstehen: Auch ältere (nicht unbedingt sehgeschädigte) Menschen können sich bei gutem Gesundheitszustand im Kreis Gleichaltriger als »unverändert jung« erleben, solange das Thema Enkelkinder ausgeklammert wird; durch das Gespräch über die jüngste Generation können sie dann unvermittelt in die Großelternrolle springen. Erfüllen ältere Menschen jedoch gegenüber den leiblichen Enkelkindern echte Elternpflichten und -rechte, dann empfinden sie das Großelterndasein gegenüber gleichaltrigen Bekannten noch als fremd.

Während der Veränderung unseres neuen Bildes als sehgeschädigte Person gehört es unbedingt dazu, dass wir auch zu Mitmenschen in der gleichen Lage Kontakt pflegen und sie nicht grundsätzlich deswegen ablehnen, weil sie auch sehbehindert sind wie wir: »Die sind blöd, langweilig.« Wir sollten mit der Zeit in der Lage sein, ihre Stärken und Schwächen unabhängig von der Sehbehinderung zu sehen, nur als Menschen wie Du und Ich. Ihre Einstellung zu ihrem Schicksal kann uns bei einigen Schritten der Auseinandersetzung Vorbild sein. Bei anderen individuellen Lösungen, die sie für den Umgang mit ihrer Seheinschränkung gefunden haben, können wir auch zu dem differenzierten Schluss kommen, dass diese für uns persönlich eben keine sind. Globale Urteile über eine Gruppe unserer Gesellschaft sind genauso abzulehnen wie ein undifferenziertes Akzeptieren nur wegen einer Äußerlichkeit.

Als zeitweiliges Erlebnis kann das Empfinden, in der Gruppe gleich betroffener Sehgeschädigter angenommen zu sein, ungeheuer bestärken und ein warmes Gefühl von Heimat vermitteln. Zu einem späteren Zeitpunkt werden dann auch wieder vermehrt Kontakte zu nicht sehbehinderten Menschen gepflegt werden können.

Der Kreis gleich betroffener Personen kann das Gefühl der Andersartigkeit in den Hintergrund treten lassen. Sie sind ebenfalls an ihrem weißen Stock zu erkennen: Sie vermögen auch nicht, die Speisekarte zu entziffern wie ein Analphabet, haben aber genauso ihre wohl artikulierten Wünsche und Bedürfnisse wie alle Menschen. Als Mann können sie in der Disko keine »flotte Biene anmachen« und sehnen sich dennoch nach forschen Eroberungen. Als Frau möchten sie auch kokett einem Mann imponieren und gemeinsame zärtliche Stunden mit ihm verbringen. In Unterrichtssituationen hören sie nur das leichte Schaben der Kreide an der Tafel und das Rascheln der Blätter und erführen doch so gerne so vieles für ihr wissbegieriges Gehirn, das bei »stummen« Vorträgen leer zu bleiben droht. Im Kreis sehgeschädigter Menschen haben alle diese grotesken Situationen aus unserem Lebensalltag einen selbstverständlichen Platz; einen solchen suchen wir unter gut sehenden Menschen häufig vergeblich. Wir bleiben hier leicht auffällige Außenseiter. Das Bewusstwerden dieser Tatsache tut weh. Wir können diese aber auch annehmen und sie wie unsere Körpergröße als zu uns gehörig mit in unseren Lebensalltag tragen.

Wenn wir uns als sehgeschädigte Menschen im täglichen Umgang mit anderen nicht mehr nur danach richten, wie jemand oder etwas aussieht, sondern unsere anderen Sinneswahrnehmungen befragen und danach unsere (optische) Fantasie spielen lassen, dann können wir wieder frei im Umgang mit unseren Mitmenschen werden. Wir fühlen uns unserer Umgebung nicht mehr hilflos und ratlos ausgeliefert. Dann können wir auch mit unserer neuen Körperhaltung leben: Denn gehen wir alleine, verfallen wir oft in selbst für uns ungewohnte kleine

Trippelschritte, ziehen die Schultern leicht hoch, der Kopf wird vielleicht ein wenig schief gehalten, um den letzten Sehrest zu nutzen oder das störende Augenzittern zu bannen. Nehmen wir diese Absonderlichkeiten hin, dann sind wir wieder in der Lage, echte tiefe Beziehungen zu neuen Menschen aufzubauen, unabhängig von der eigenen Sehbehinderung oder der eines anderen. Dann haben wir ein gutes Stück Weg zu einer runden, ausgeglichenen Persönlichkeit zurückgelegt und können uns neuen (auch alten?) Aufgaben zuwenden.

Ausgeglichenes Handeln, Denken, Empfinden

Schwierig sind oft die Beweggründe für eine Handlung zu beurteilen, die wir als sehbehinderte Menschen plötzlich nicht mehr ausführen, zum Beispiel der regelmäßige Besuch am geliebten Stammtisch. Vermeiden wir diese Unternehmung unter fadenscheinigen Vorwänden, weil wir die damit verbundene Mühsal nicht zugeben wollen? Oder meiden wir sie vielleicht, weil wir uns nicht trauen, die angstmachenden Unwägbarkeiten gedanklich vorwegzunehmen – und damit ihres Schreckens zu berauben? Oder verwerfen wir jede Art von Gedanken schon aus Groll darüber, dass ja doch nichts mehr so geht wie früher? Vielleicht wägen wir aber auch bewusst ab zwischen Lustgewinn, Mühe und dem Herzklopfen angesichts möglicher Überraschungen und gelangen zu dem Schluss, dass hier für uns ganz individuell in diesem Augenblick ein Ungleichgewicht zu Ungunsten der Aktion besteht. Verpflichtende Aufgaben können uns zu einem anderen Ergebnis der Überlegungen kommen lassen.

Bei unserem gesamten Tun und Lassen sollte unser inneres Denken und Fühlen möglichst im Gleichklang mit dem äußeren Ausdruck stehen.

Insbesondere sollte unser eigener Leistungsanspruch zu uns und unserer Situation passen: Setzen wir uns unter enormen Druck, um unseren Mitmenschen zu beweisen, was wir als blinde Menschen noch alles zu tun vermögen? Nehmen wir die Strapazen zum Beispiel eines unbekannten Weges auf uns, weil wir die Bewältigung wie bei einem Sportwettkampf heute anstreben? (Der Rückweg kann dann »faul« per Taxi erfolgen.) Vermögen wir auch einen Arbeitsplatzassistenten (zum Vorlesen und für andere optische Aufgaben) ohne Angst vor fachlicher Konkurrenz in unseren Arbeitsablauf mit einzubeziehen? Wir benötigen schon feste Wurzeln unseres Lebensbaumes für unser Selbstbewusstsein, bevor wir frei dazu stehen können, dass unsere Äste und Zweige nicht mehr alles mit alt bekannter Kraft und Geschwindigkeit erledigen können.

Wichtig ist es stets, dass wir als bekümmert-suchende Menschen ein neues Selbstbild finden, das zu unserer aktuellen Lebenslage, aber auch zu unserer Vergangenheit passt und uns in Zukunft eine Grundlage für weitere Entwicklungen bietet. Dieses Bild sollte so facettenreich sein, dass es uns ganz persönlich begleitet. Schließlich sollten wir in der Lage sein, dieses Bild auch unseren Mitmenschen gegenüber deutlich zu zeigen, in der Familie, im Freundeskreis, bei gleich betroffenen, fremden Menschen und im Beruf. Dann vermögen sie uns trotz ihrer Vorstellungen von einem vielleicht schwächlichen behinderten Menschen mit punktuell »magischen« Fähigkeiten (zum Beispiel das Erlauschen der Lücke zwischen zwei parkenden Autos) als einen ganz individuellen Freund mit menschlichen Stärken und Schwächen zu erkennen.

6
Begegnungen und zwischenmenschliche Verstrickungen

Wie wirken wohl sehgeschädigte Personen auf ihre Mitmenschen? Hilflos? Vielleicht mit schwankendem Gang, als wären sie alkoholisiert? Voll Unverständnis für Zurufe wie »Hier!« oder »Da lang!« So vieles muss ihnen entgehen: Die skeptisch hochgezogene Augenbraue ihres Gegenübers, das rote Warnlicht, das kunstvolle, duftlose Blumengesteck in der Tischmitte. Versehentlich wird die Weihnachtskarte mit dem Jesuskindlein durch einen dicken Filzstift zur unleserlichen Einkaufsliste umgewandelt. Schon eine dunkle Brille mit seitlichem Blendschutz, eine Blindenbinde am Arm, ein weißer Langstock oder ein Führhund rufen bei vielen sehenden Menschen diese Assoziationen wach.

Wie fühlen wir uns nun als sehbehinderte Menschen selbst? Den schmalen Pfahl eines Verkehrsschildes vor uns übersehen wir, aber mit Langstock oder Führhund sind wir behände und geschickte Treppensteiger; wir können Sport treiben, nähen, mit elektrischen Geräten umgehen; wir verstehen präzise Anweisungen sehr gut, zum Beispiel 90 Grad nach rechts, zehn Meter geradeaus, dann halb links, drei Stufen hoch, rechts die oberste Klingel. Kummer oder Ängste unserer Mitmenschen hören wir an der Stimmlage des Sprechers; Freunde können uns ob unserer ehrlich geäußerten Worte schätzen. Unsere verbliebenen Sinne sind uns zu zuverlässigen Stützen geworden; unsere zehn Finger sind kleine Akrobaten bei der Bewältigung praktischer Alltäglichkeiten.

Wie kann es zwischen blinden und sehenden Menschen überhaupt zu einer echten partnerschaftlichen Begegnung kommen?

Grundsätzlich gilt: Es bedarf stets einer gewissen inneren Bereitschaft, einem anderen Menschen zuzuhören, seine Ansichten in den Bereich des Erwägbaren zu ziehen, wenn zwei Menschen unterschiedlicher Standpunkte miteinander in einen echten Austausch treten wollen.

Wir kennen dies ja alle: Besonders Angsterregendes oder plötzliche Todesnachrichten tragen auch den Zusatz »unfassbar«. Vieles in der Welt der Sehenden erschien uns schon früher unglaublich. Um wie viel kann die Verwunderung über das Leben eines blinden Menschen steigen. Die Erfahrungen, die Erlebniswelt eines geburtsblinden Menschen mag dem einen oder anderen Außenstehenden gar als völlig unvorstellbar erscheinen.

Hilfloses Sprechen, sprachloses Helfen

Es ist leicht nachvollziehbar, dass sich ein gerade erblindeter Mensch bei allen rein optischen Beschäftigungen und Empfindungen selbst nicht wiedererkennt, so tollpatschig fühlt er sich. In rein akustischen Bereichen ist er ganz der »Alte«, bemerkt vielleicht sogar eine Verfeinerung der Wahrnehmung. Wer ist er nun? Wer sind wir als sehgeschädigte Person nun?

Wenn wir das selbst nicht wissen, wie wollen wir dann aber von unseren Mitmenschen behandelt werden? Gerade die Anfangszeit nach der Beobachtung, schlecht zu sehen, ist eine Zeit großer innerer und äußerer Unsicherheiten. Entsprechend schwankend verlaufen viele der mitmenschlichen Kontakte, von beglückend gelungen bis zu stark von schmerzhaften Missverständnissen geprägt – Letztere werden zu dieser Zeit als besonders verletzend empfunden. Wir hüten uns vorbeugend davor und wirken deshalb auf den einen oder anderen Mitmenschen innerlich verhärtet. Was ist gesund?

Sensible Mitmenschen bemerken vielleicht unsere Not und wollen uns darin besser verstehen, um so klarer Position beziehen zu können. Wir als Betroffene können jedoch unser Leben selbst noch nicht in Worte fassen, erschrecken vor der eigenen Sprachlosigkeit oder versuchen diese wie auch die Seheinschränkung zu verbergen. Ein rein sprachliches Miteinander kann sich dann auf Banalitäten beschränken. Andere Kanäle sind häufig davon weniger betroffen, zum Beispiel künstlerisches Gestalten oder gemeinsame Bewegungen wie Tanzen und Sport. Gerade wenn sich der Mund so schwer tut, quellen unsere Stärken, Befürchtungen und Sorgen aus allen übrigen Poren nur so heraus.

Missverständnisse

Zur Zeit einer ausgeprägten Rebellion können oft noch so beflissene Helfer uns nie etwas recht machen. Wenn wir vergleichsweise daran denken, wie schwierig es ist, mit einem rebellisch pubertierenden Jugendlichen umzugehen, ahnt man, wie schwer das Leben für beide Seiten sein kann. Und wir wussten doch früher so genau, was wir brauchten! Wüsste der besorgte Mitmensch doch auch, was wir uns als gebeutelte sehbehinderte Personen wünschen: ausgeglichene, konstante Begleiter, die uns stets einen interessierten Austausch anbieten und auch Abweisungen nicht übel nehmen; diese Mitmenschen sollen bereit sein zu jeder Art von Miteinander (auch auf nicht-sprachliche Weise).

Ausgesprochen schwierig kann die Entwicklung eines heranwachsenden sehgeschädigten Menschen verlaufen, wenn sich eine gesunde Rebellion mit einem vorsichtigen Einfügen in einen reifen Umgang miteinander vermischen, dann aber durch eine Sehverschlechterung wieder ganz natürliche Formen der inneren Auseinandersetzung hinzutreten. Diese jungen Menschen bedürfen eines besonders behutsamen Umgangs für einen gesunden Reifungsprozess. Versäumnisse hier hinterlassen ausgeprägtere Spuren als bei Erwachsenen oder bei so genannten nicht-behinderten jungen Menschen.

Es ist fatal, dass wir als erwachsene sehbehinderte Menschen in einer ersten Schleife während des Prozesses der inneren Auseinandersetzung selbst noch nicht wissen, was wir wollen, oder was wir jetzt gerade brauchen und welche Erwartungen wir an unsere Mitmenschen richten können. Es ist schon eine Gemeinheit des Schicksals, dass uns dies als Erwachsene in derart eklatanter Form geschieht! Wer von unseren Mitmenschen vermag das zu verstehen!

Erste gemeinsame Versuche

Es tut gut, wenn Menschen mit einer Seheinbuße ein wenig zur Ruhe kommen und liebe Mitmenschen treffen, die ihr geschundenes Herz verwöhnen. Sie mögen uns in dieser Rolle kaum kennen. Eine liebevolle Hand vermag Wunder zu bewirken! Das Schicksal kann hier in zwei Richtungen seinen Lauf nehmen: Die Verwöhnung kann einerseits der kranken Seele so viel Kraft spenden, dass sie sich erholt und zu neuen Ufern aufbricht. Neue Verletzungen sind dabei nicht ausgeschlossen, die aber durch gute Pflege geheilt werden können. Das sichere Ufer kommt immer näher.

Im zweiten Falle ahnt der sehbehinderte Mensch so wenig von einer rettenden Insel, dass ihm der Spatz in der Hand lieber ist als die Taube auf dem Dach. Die liebevollen Streicheleinheiten vermögen ihn gerade noch vor dem Untergehen zu bewahren. Sie vermögen nicht genügend Kraft für einen Aufbruch zu spenden. Auch kann es geschehen, dass sich der fürsorgliche Helfer selbst keine Änderung der Verhältnisse vorzustellen vermag. Oder er kostet die Macht aus, die ihm als großer Gönner zuteil wird, und verteidigt sie mit aller Kraft. Endlich hat er doch ein »Kind« auf Lebenszeit, das nie und nimmer erwachsen werden darf. Welch eine menschliche Verstrickung, die uns selbst zum Glück *nie* trifft!

Wenn wir als blinde Menschen allmählich wieder vermehrt

Eigeninitiativen entwickeln, müssen wir deshalb nicht zwangsläufig klarer wissen, welche Hilfestellungen wir uns wünschen und zu welchem Zeitpunkt auch unbedingt brauchen. Wir wirken oft unsicher in der Art, wie wir unbeteiligten Personen begegnen oder sie um Hilfe bitten. Der Mitmensch uns gegenüber ist oft darum bemüht, uns alle Wünsche möglichst von den Lippen abzulesen, wo aber nur Bruchstücke parat liegen. Wenn beide Seiten auf ihrer Position beharren (auf der einen Seite die der mangelnden Wunschäußerung, auf der anderen das Wissen um das richtige Handeln), kann diese mitmenschliche Beziehung nur in die Brüche gehen. Enttäuschung auf beiden Seiten trotz des anfangs guten Willens. Gerade an derartigen Situationen können blinde Menschen aber lernen, sich deutlicher zu definieren im Wechselspiel mit einem anderen, nie allein im stillen Kämmerchen. Beim nächsten Mal können wir dann schon ein wenig »schlauer« sein und es unserem »Gegenüber« nicht gar so schwer machen (dieser hat ja auch dazugelernt!).

Eine goldene Regel im Miteinander

Viele unserer Mitmenschen erfassen unsere Not als Blinde wie durch Zauberkraft: Sie wissen, dass wir ihr Kommen oder Gehen, ihr begrüßendes Lächeln nicht sehen können, dass wir aber sehr wohl hören und uns über ihre Gruß- und Abschiedsworte freuen. So geschieht es mit ihnen nie, dass wir, die wir uns nach Gesprächspartnern sehnen, uns neben Gespenstern befinden oder immer noch mit stummen (längst abwesenden) Geistern sprechen. Diese Mitmenschen wissen traumwandlerisch sicher, wann der Außenlärm so groß ist, dass ich ihr leises Begrüßungsbrummeln nach meiner Rückkehr von der Toilette nicht hören kann und sie deswegen lauter sein müssen oder auch mal meinen Handrücken leicht drücken dürfen.

Diese goldene Grundregel, dass jeder, der das Zimmer betritt oder es verlässt, sich durch eine Lautäußerung bemerkbar machen sollte, findet sich in jeder Blindenbroschüre. Solche kleinen Aufmerksamkeiten vermitteln dem sehgeschädigten Menschen viel Sicherheit. Als blinde Personen können wir durch Selbstbeobachtung im Laufe der Zeit im Umgang mit Sehenden erleben, wie viele eigene Erfahrungen wir sie sammeln lassen dürfen, bis sie von sich aus die »kleine Stütze« für uns entdecken. Wir wissen dann auch »traumwandlerisch« sicher, wann und in welcher Form wir gegenüber dem weniger blindenerfahrenen Mitmenschen aktiv werden sollten, damit es allen Beteiligten gut geht.

Dieses Wechselspiel zwischen »Mit-sich-machen-Lassen« und aktivem Handeln ist eine Kunst. Es ist eine wahre Gratwanderung zwischen einer drohenden Bevormundung durch unsere sehenden Mitmenschen und einer Untergangsstimmung unsererseits mit herannahendem Wutausbruch. Die Heftigkeit unserer eigenen Gefühle wird einerseits durch mögliche Ungeschicklichkeiten unserer Mitmenschen hervorgerufen (bei vielleicht auch gleichzeitig zu spät eingesetzter Korrektur der Hilfestellung durch uns). Andererseits können wir innerlich alarmiert sein durch reale oder auch fantasierte Befürchtungen.

Viele sehbehinderte Personen, die niemals unter gleich betroffenen gelebt haben, verlangen das strikte Einhalten der oben genannten goldenen Grundregel von ihren sehenden Mitmenschen; ein Nicht-Befolgen wird scharf kritisiert. Zu ihrem eigenen aktiven Verhaltensrepertoire gehört die kleine Lautäußerung jedoch nicht. Warum nur mit zweierlei Maß messen? »Pscht! Wir lernen doch gerade!«

Die Mogeleien eines Blinden

Sehende außenstehende Personen ahnen nicht, für welche Art von Vorteilen ein sehgeschädigter Mensch seine Blindheit einsetzen kann: So wird etwas Unbequemes durch die Sehbehinderung als unzumutbar deklariert. Dabei gibt es nur wenige Gegebenheiten, die für blinde Menschen unzumutbar sind. Wie bequem ist es, zum Beispiel im Autobus zu sitzen! Warum soll ich mir nicht über meine Blindheit einen Platz erschleichen? Brauche ich diesen Platz aber mit meinen gesunden Beinen und gutem Gleichgewichtssinn eigentlich unbedingt, solange ich einen festen Halt habe?

Insgesamt ist das Gefühl, im menschlichen Dasein auf einen anderen Mitmenschen angewiesen zu sein, bei praktisch allen Behinderten ausgeprägter vorhanden als bei nicht-behinderten Personen. Diese wenig geliebte Abhängigkeit birgt für einen sehgeschädigten Erwachsenen Gefahren wie auch Chancen: So ermöglichen viele kleine Hilfeleistungen ihm erst eine ganze Reihe von Unternehmungen. Dabei kann er sich aber auch bar jeder gestalterischen Kräfte im Miteinander erleben. Aus falsch verstandener Selbstständigkeit sucht er eigene mühsame Wege und setzt am Ende erschöpft die eigenen Interessen als oberste Maxime an; die seiner sehenden Mitmenschen können zweit- oder drittrangig werden.

Für den blinden Menschen sollte es jedoch stets Verhaltensvarianten geben, die einen zumutbaren Mittelweg für alle Beteiligten bilden und ein offenes, freieres Zusammenleben ermöglichen. So ist es für mich als blinde Person zum Beispiel äußerst unangenehm, immer den Anschluss an eine stumme Warteschlange zu wahren. Kann ich mich nicht einfach vorbeimogeln bis zum Schalter (ich sehe die stumm Wartenden ja nicht)? Ich kann aber auch den Letzten in der Schlange bitten, mich in seinem »akustischen Kielwasser« mit nach vorne zu schleusen, zum Beispiel: »Sagen Sie mir, wenn es weitergeht?« So beuge ich unangenehmem Zerren an meinem Körper vor.

Es gibt unendlich viele kleine und große »Mogeleien« in unserem Leben. Manche Kleinigkeiten benachteiligen unsere Mitmenschen nur wenig, können uns aber eine immense Hilfe sein; derartiger Vorteile bediene ich mich schon manchmal und genieße sie. Auf andere Vorzüge habe ich gesetzlich einen echten Anspruch. Muss ich sie deswegen auch immer nutzen? Ich denke dabei an meine luxuriöse kostenlose Parkmöglichkeit an einer Parkuhr; diese Hilfe kann aber am Bahnhof lebensrettend sein, denn in Eile bewältige ich lange Wege allein zwischen anderen hektischen Menschen nur selten sicher ohne Verletzungen.

Im Laufe der Zeit können wir durch vermehrte Sensibilität zu einem gleichwertigen Partner für unsere Mitmenschen werden: Wir wissen sehr wohl um unsere Stärken und um unsere Schwächen. Wir ahnen, welche Reaktionen wir bei unserem Gegenüber hervorrufen, und vermögen uns darauf frei schwingend einzustellen. Wir gewinnen ein sicheres Gespür dafür, welche Sonderbehandlungen wir in welchen Situationen brauchen und wann unser Genuss mit den Bedürfnissen unserer Mitmenschen kollidiert. Das Leben beginnt, uns wieder zuzulächeln.

Feinste Abstimmungen im Miteinander

Unsere Umwelt ist kaum auf Rollstühle, auf sehbehinderte oder auf hörgeschädigte Menschen eingestellt, sondern hauptsächlich auf gehgesunde, sehende und hörende Personen. Ich persönlich wusste vor meiner Erblindung nur, wie mit schlecht Sehenden umzugehen ist, nicht wie mit Blinden oder gar Gehbehinderten. Das trifft sicherlich für die meisten Menschen zu. Deshalb sehe ich mich als Blinde ihnen gegenüber in der Pflicht, den ersten Schritt zu einer ausreichenden Verständigung zu tun, den zweiten kann dann mein Gegenüber vollziehen – oder aber nicht.

Was tun sich doch unsere Mitmenschen schwer mit uns, wenn sie gerade keine Lust haben, mit uns zu plauschen! Zwischen sehenden Menschen helfen hier kleine Gesten als eindeutige Signale. Blinden gegenüber aber ist schlichtes Übersehen ausgesprochen unhöflich. Manchmal hilft die Notlüge, in Eile zu sein. Aber was soll der sehende Nachbar tun, wenn er mit einem anderen gerade an der Mülltonne tratscht und wir als blinde Person ihn aktiv und selbstsicher grüßen? Wie kann der sehende Nachbar uns deutlich machen, dass wir gerade nicht erwünscht sind, ohne uns zu verletzen? Sein freundliches Winken sehen wir ja nicht.

Zum Glück ist dies das Problem der sehenden Personen und nicht das meinige! Ich grüße höflich von meinem Grundstück aus und verleihe damit meinem Kontaktbedürfnis auch differenziert Ausdruck. Die restliche Annäherung kann ich passiv den sehenden Menschen überlassen. Ich kann aber auch aktiv eine Brücke zu einem kleinen Gespräch schlagen (zum Beispiel »Schon lange nicht mehr gesehen! Wie geht es?« – »Sie machen mich ganz neugierig. Kann ich näher kommen oder haben Sie es eilig?«). So biete ich meinem Kommunikationspartner mögliche (wahre oder unwahre) Entschuldigungen an – er traute sich ja nicht, sie auszusprechen. So können wir zu einer offenen freien partnerschaftlichen Beziehung gelangen.

Auch wir als spät erblindete Menschen erreichen es recht bald, uns nach einer kurzen Gewöhnungsphase mit anderen Blinden direkt über die Gesprächsbereitschaft zu verständigen (wir sitzen ja beide im selben Boot). Die Notlüge »Eile« hilft mal wieder oder ein persönlich offener Hinweis, dass ich gerade mit meinem Gesprächspartner sehr intensiv rede. Die Ankündigung, demnächst einmal anzurufen, kann eine mögliche schroffe Abweisung abmildern. Heranwachsende Sehgeschädigte lernen dieses aktivere Verhalten auf einer Sehbehindertenschule ganz selbstverständlich. Schwerer fällt es ihnen dann jedoch, es auch im Kontakt mit sehenden Mitmenschen angemessen anzuwenden und nicht diesen passiv die Verantwortung für die Gestaltung des Miteinanders zu überlassen.

Heranwachsende sehgeschädigte Menschen, die integriert zwischen Sehenden aufwachsen, laufen Gefahr, sich an den erstbesten Partner zu halten, meistens diese allzeit bereiten Helfer, die aber nur äußerst selten nach den Wünschen des bedürftigen Menschen fragen. Doch auch wenn die Jugendlichen aktiv sind, tun sie sich schwer, mit Gleichaltrigen und Gleichgesinnten in eine echte freundschaftliche Beziehung zu treten; viele Faktoren tragen dazu bei, unter anderem auch die Tatsache, dass die »selbstlosen Helfer« sie häufig abfangen.

In einem Alter, in dem das Zusammensein mit Gleichaltrigen besonders wichtig ist, fügen sich die sehgeschädigten jungen Menschen oft schwer in die Gruppe ein. Das liegt an dem Unterschied zwischen der gewünschten und auch zögerlich gelebten inneren Unabhängigkeit und der real bestehenden stärkeren äußeren Abhängigkeit. Sie dringen nur schwer zu den anderen vor. Durch ähnliche Probleme kann eine berufliche Wiedereingliederung eines spät erblindeten Menschen belastet werden oder die eines sehgeschädigten Berufseinsteigers in einen Betrieb mit ausschließlich sehenden Kollegen. Da ist viel Geduld und Fingerspitzengefühl auf beiden Seiten gefragt.

Ausgesprochen schwierig kann eine Begegnung während einer »Panne« für sehgeschädigte Menschen verlaufen: Wir können dann in Bruchteilen von Sekunden vom Negieren zur Rebellion, zum Rückzug und zum erneuten Versuch springen. Kommen da unsere Mitmenschen immer nach? Manches Mal glauben sie, noch den Gesichtsausdruck von eben vor sich zu sehen, sie haben kaum eine Chance, uns wirklich zu begegnen, schon gar nicht, wenn es diese stets bereiten, nur nach der eigenen Vorstellung handelnden Helfer sind. In derartigen Situationen tun wir uns als Sehgeschädigte auch schwer, sinnvolle Lehren aus der Begegnung zu ziehen.

Jeder Mensch hat seine ganz persönlichen körperlichen Grenzen: Der eine weicht jeder Berührung seines Körpers durch Fremde aus, der andere ist ein wahrer Kuschelkater. Diese Gegebenheiten bringen wir als sehgeschädigte Personen ein in die Begegnung mit unserem Gegenüber. Blinde Menschen erleben meist häufiger einen näheren Körperkontakt, weil dieser zusammen mit der Stimme den mangelnden Augenkontakt ersetzen kann. Vermieden gerade erblindete Menschen schon zu sehender Zeit diese Form der Kommunikation, werden sie sich in ihrem jetzigen Dasein besonders schwer damit tun. Sehgeschädigte Menschen sollten auch ihren Helfern einen gewissen Grad an Entscheidungsfreiheit belassen, wie viel Nähe diese ihrerseits zulassen möchten. Dabei biete ich persönlich schüchternen Helfern meine Bandbreite an erhofftem Körperkontakt an; dadurch helfe ich meinem Gegenüber über seine eigene Unsicherheit hinweg, wie er mich zum Beispiel über die Straße geleiten kann.

Reife Früchte im Zusammensein

Nach zahllosen (oder abgezählten) Missgeschicken lernen wir als sehgeschädigte Menschen endlich, unserem Gegenüber klare Tipps für den Umgang mit uns anzubieten: »Ich stehe mit dem Gesicht zur Tür: Wo finde ich dann deine Klingel?« Oder in der dummen Situation, dass ich mal wieder nicht weiß, ob ich an dem gewünschten Geschäft schon vorbeigegangen bin, stelle ich mich mit dem Gesicht (oder dem Rücken) zum laufenden Verkehr und frage einen Passanten: »In welcher Richtung ist das Geschäft? In Richtung meiner Stockhand oder der Hand mit der Uhr?« So vermeide ich das für mich sinnlose »Hier« und »Dort« genauso wie die Schwierigkeit, mir rechts und links richtig zu benennen. Ein gedankenloses stummes Kopfnicken vermeide ich, wenn ich frage: »Wo muss ich für die Buslinie x stehen?«

Bei derartigen Fragestellungen erinnere ich mich persönlich stets daran, wie oft ich früher noch zu sehenden Zeiten schusselig verträumt herumvagabundierte. Hätte mich ein sehgeschädigter Mensch in diesen Momenten nach dem Ampelübergang gefragt, ich hätte sicherlich auch meinen Arm erhoben und mich gewundert, dass der blinde Wissbegierige dreimal nachfragt, wo die Ampel denn nun sei.

Es gibt zum Glück nur »wenige« Menschen, die ihre Lebensbestätigung hauptsächlich darin suchen, anderen zu helfen, unabhängig davon, ob diese es wünschen oder nicht. Für diese Helfer ist es zweitrangig, ob die vermeintlich hilfsbedürftigen Personen gerade jetzt diese Hilfe auch wünschen. Solche Menschen fallen dem Behinderten bald auf, sie bedürfen besonders klarer Hinweise, welche Art von Hilfeleistungen benötigt werden. Ein besonderes Dankeschön lässt ihre Enttäuschung darüber in den Hintergrund treten, dass sie nicht vollständig zum Zuge gekommen sind. Weise ich sie unwirsch wie eine lästige Fliege ab, ist mir ihr Zorn gewiss: »Alle Behinderten sind undankbar und stets fordernd!« Glücklicherweise ereignet es sich sehr selten, dass ich einen ausgesprochen dreisten Helfer brüsk zurückweise. Geschieht ihm recht!

Ich persönlich behalte es mir stets vor, selbst über ein Hilfsangebot zu entscheiden, zum Beispiel bei einer Ablehnung mit etwa folgenden Worten: »Ach, danke, heute habe ich Lust, alleine zu gehen. Ihr Hilfsangebot beruhigt mich, denn morgen brauche ich es vielleicht wirklich dringend.« Grundsätzlich sind mir fröhliche, freie Helfer stets lieber als die, die mir nur zu ihrer eigenen Befriedigung helfen.

Bei allen Anstrengungen im Miteinander bin ich mir persönlich auch bewusst, dass die eine oder andere Gefühlsregung meines Gegenübers meinem siebten Sinn entgeht, dass ich sie zum Beispiel während seiner Sprachlosigkeit nicht sofort erfasse – zumal wenn ich in mich versunken bin. Aber auch sehend sind mir so manche Regungen meiner Gesprächspartner entgangen – nur wahrscheinlich andere. Heute kann ich persönlich von mir sagen, dass ich insgesamt im Zusammensein mit anderen ganz selbstverständlich aufmerksamer geworden bin. In einer größeren Gruppe entgeht mir nach zehn Jahren Blindheit noch immer die eine oder andere Begebenheit. Aber wenn mein weißer Langstock das Absperrband in einem Meter Höhe unterläuft und dieses mich ganz funktionsgerecht am Weitergehen hindert, indem es gegen meine Brust prallt, dann wehre ich mich gegen den Analogieschluss, dass ich auch menschliche Regungen erst bemerke, wenn sie voll Wucht mit mir zusammenprallen.

Insgesamt werden für ein ausgeglichenes Gemeinschaftsleben angesichts einer Seheinschränkung erheblich höhere soziale und psychische Feinfühligkeiten von behinderten Menschen verlangt als ohne ein Handikap. Sonst reagieren wir als Sehgeschädigte erst spät auf zuvor nicht erfasste optische Signale unseres Gegenübers. Eine geglückte Begegnung verlangt von uns eine hohe Sensibilität, in der schon im voraus eine Beziehung derart mitgestaltet wird, dass sie zur beiderseitigen Zufriedenheit abläuft, ohne den anderen fremdzubestimmen, ihn zu unseren Gunsten zu überrumpeln oder ihm die Freiheit für eigenes Handeln oder Fühlen zu nehmen. Dies gilt sowohl in einer so engen Beziehung, wie es eine Ehe ist, wie beim Brötchenkauf um die Ecke oder bei der zufälligen Begegnung an der Ampel. Wir werden aber insgesamt durch unsere erhöhte Aufmerksamkeit auch sehr belohnt. Wir brauchen unsere alten, uns einengenden Kompensationsmechanismen nach einem enttäuschenden Erlebnis nicht so oft zu aktivieren. Nicht umsonst heißt es:

»Wie wir in den Wald hinein rufen, so schallt es wieder heraus!«

Was schallt Ihnen zurück, lieber Leser?

7 Seheinbußen in der Familie

Was verändert sich alles in einer Familie, wenn eines der Mitglieder oder gar mehrere eine gravierende Augenerkrankung haben oder eine Seheinschränkung erleiden? Die Behinderung beeinflusst alle anderen ebenfalls. Die dabei auftretenden Besonderheiten können den sehbehinderten Menschen wie auch seine Angehörigen einerseits in ihrer Entwicklung einschränken, sie andererseits aber auch in einem durchaus positiven Sinne beeinflussen.

Für das Entstehen eines guten Zusammenlebens gilt: Je offener die Hilfestellungen, ihr Annehmen, ihr Verweigern und die Kommunikation miteinander sind, desto weniger wird die Sehbehinderung zu einer Belastung für die übrigen Familienmitglieder. Denn es ist sehr wohl bekannt, dass es durchaus »eine Schulung« bei der Bewältigung von Lebensschwierigkeiten gibt: Das Durchleben, Durchleiden und Lösen früherer schwieriger Lebenssituationen kann beim erneuten Erleiden einer Lebensbelastung helfen. Und bei wem verläuft das Leben schon ganz ohne Stolpersteine?

Im Folgenden möchte ich auf schwierige und auch hilfreiche Konstellationen innerhalb einer Familie in Zusammenhang mit einer Seheinbuße hinweisen.

Ein sehgeschädigtes Kind

Die meisten Eltern wünschen sich ein gesundes, intelligentes, fröhliches Kind ohne Einschränkungen, ohne Entwicklungsverzögerungen, ohne Seheinschränkungen, ohne motorische Fehler oder Legasthenie. Welche Eltern erzählen nicht gerne von den neuesten Fortschritten und letzten Leistungen ihres Sprösslings! Und nun soll das Kind sehbehindert oder gar blind sein. Welch ein Schock. Welch eine Enttäuschung! Erst wollen es die Eltern nicht wahr haben (»Das Kind wächst ja«), dann kommt die Zeit, in der die Sehschädigung auch vor den Außenstehenden nicht mehr zu verheimlichen ist. Sein »Verstecken« erst zu Hause, dann in einem Heim und zugleich ein ewiges Hadern mit dem Schicksal sind gefährliche elterliche Reaktionen, die eine gesunde kindliche Entwicklung behindern können.

Viele Eltern zermartern sich jahrelang das Gehirn mit Fragen wie: Warum haben gerade wir ein behindertes Kind? Was haben wir während der Schwangerschaft »falsch« gemacht? Welches Verhalten wäre für die Geburtsvorbereitungen richtig gewesen? Welche Vorsichtsmaßnahmen haben wir auch später unterlassen? Gerade mögliche Unterlassungen bei der Frühförderung während der ersten Lebenszeit aus einer alles lähmenden Enttäuschung heraus können einen elterlichen Teufelskreis von Selbstvorwürfen aufrecht erhalten.

Das schafft ein Klima, in dem das Kind sich nicht in seiner gesamten Person angenommen fühlen kann, zusätzlich spürt es, dass es selbst die Ursache für die ewigen Selbstvorwürfe und Schuldfragen der Eltern ist; das Kind beginnt sich selbst als schuldig zu erleben. Ein Kind kann aber eine abstrakte Schuld noch nicht ertragen und versucht, diese anderen aufzubürden; als die nächsten Bezugspersonen sind dies meist die Eltern. Der Teufelskreis ist geschlossen durch das elterliche Hadern, die Handlungsunfähigkeit bezüglich der kindlichen Frühförderung, zunehmendes Hadern, kindliches Schulderleben, Schuldzuweisung an die Eltern, vermehrtes elterliches Hadern. Weder Eltern noch Kind kommen von der Schuld los.

Zum Glück gibt es jedoch auch Eltern, die, obwohl mit sich und der Welt hadernd, nicht gelähmt verharren, sondern aktiv werden und nach Hilfestellungen und Verbesserungen der Bedingungen suchen. Sie schließen sich Selbsthilfegruppen an. Wenn sie keine vorfinden, wird eine gegründet. So tragen sie kreativ in unserer Gesellschaft dazu bei, dass sich die Lebensbedingungen für ihre Kinder und viele andere Mitmenschen verbessern. Ohne ihre gestalterischen Kräfte sähe es in der Welt heute sicherlich für viele Menschen mit besonderen Belangen »unfreundlicher« aus! Oft wird auch von Eltern eines behinderten Kindes berichtet, dass gerade dieses Kind eine so besondere Ausstrahlung hat, ein so feines Wesen, dass es von allen Menschen geliebt wird, die mit ihm zu tun haben.

Eine schwierige Familiensituation kann sich später ergeben, wenn das sehbehinderte Kind in das typische Ablösealter kommt. Wie schwer fällt es dann den besorgten Eltern, das »kleine Kind« seine eigenen Erfahrungen mit der Welt, mit der ihm eigenen Alltagsorganisation und Lebensplanung machen zu lassen. Natürlich macht der junge Heranwachsende hier seine besonderen Erfahrungen, erlebt Enttäuschungen, aber auch Bereicherungen. Diese sind auch oft, wie so vieles im Leben behinderter Menschen, krasser als bei Nicht-Behinderten; all dies ist für die Eltern nicht so leicht zu durchschauen. Ein Austausch mit Mitmenschen gleicher Erfahrungen erfolgt leider meist für die Eltern sehr selten. Vom heranwachsenden blinden Menschen erfordert das Erlangen des gleichen Freiheitsgrades wie bei einer nicht-behinderten Person mehr Energie, mehr Zeit, mehr Aufbegehren gegen die elterliche Autorität, gegen ihre Besorgnisse, mehr Selbstbewusstsein als bei vielen Gleichaltrigen. Trotzdem sind die Eltern bei »kleinen« Hilfestellungen in größerem Maße wieder gefragt, zum Beispiel beim Abholen vom Bahnhof für den Familienbesuch. Dann fühlen sich die Eltern in ihrer Sorge erneut bestärkt.

Wenn die Eltern nun älter werden und die sehbehinderten, jetzt eigentlich erwachsenen Kinder immer noch auf deren Hilfeleistungen bauen konnten, dann ist es nur natürlich, dass beide Seiten in einer unausgesprochenen oder ausgesprochenen Angst vor der Zukunft leben. Die erwachsenen Kinder müssen sich endgültig um andere für sie neuartige Alltagsorganisationen und Lebensplanungen bemühen. Die alten Eltern müssen endgültig in den Hintergrund treten. Sie können zu ihrem Bedauern aufgrund der eigenen Gebrechlichkeit dann keinen neuen Lebensinhalt mehr finden, wie es zu früheren Zeiten noch möglich gewesen wäre und es ihre gleichaltrigen Freunde auch getan haben. Sie fühlen sich jetzt im hohen Alter doppelt überflüssig. Ach, hätten sie doch …! Ach, wären sie doch …! Das zeigt, wie notwendig es ist, dass Eltern es rechtzeitig zulassen, dass ihr behindertes Kind seine Lebensplanung findet.

Nicht-sehgeschädigte Kinder von sehbehinderten Eltern

Ist ein Elternteil von einer Sehbehinderung betroffen, kann er während der inneren Auseinandersetzung mit dem Krankheitsprozess derart beschäftigt sein, dass er für einige Zeit als erlebter Partner für das Kind ausfällt. Bei einer ansonsten intakten Familienstruktur ist davon auszugehen, dass diese Zeit durchaus ohne Folgeschäden wieder ausgeglichen werden kann.

Tyrannisiert der betroffene Elternteil die Familie, indem er seine besondere Wahrnehmung zu einer rigiden Kontrolle über die anderen ausnutzt, können besonders Kinder die Eigenschaft »Blindheit« mit Tyrannei verknüpfen oder auch mit anderem, zum Beispiel mit extremer Hilfsbedürftigkeit, die als besonders machtvoll erlebt wird, mit Abhängigkeiten und vielem mehr. Diese Kinder können dann von einem Schwarz-Weiß-Muster geprägt werden, das bei ausbleibender Korrektur zu einer Einbuße innerer Freiheit im Erwachsenenalter führen kann: Situationen, die nur ein wenig nach der elterlichen riechen, können einerseits als sehr vertraut und damit anziehend erlebt werden, andererseits werden sie gehasst wie die Pest. Welch eine Zwickmühle! Spätestens, wenn der eigene Partner dann hinfällig wird, bricht der Konflikt offen zutage.

Kindern sehbehinderter Eltern wird so manches Mal eine größere Verantwortung für das Wohlergehen ihrer Eltern oder auch leicht gar für die ganze Familie aufgeladen. Das können Alltäglichkeiten sein wie die vermehrte Begleitung der Eltern in der Öffentlichkeit, wodurch freie Spielzeit als fehlend erlebt wird. Das kann auch eine eher moralische Verantwortlichkeit sein, wie zum Beispiel für die Beule an der elterlichen Stirn durch die offenstehende Küchenschranktür oder für den Zeitverlust auf der Suche nach dem verlegten Haarwaschmittel. Die Folge kann wieder ein Teufelskreis werden von elterlichem Hadern, Lähmung, Schuldzuweisung, Schuldannahme, vermehrtem elterlichem Hadern.

Die sehbehinderten Eltern vermögen unter dem Hinweis auf ihre eigene Hilfsbedürftigkeit einen gesunden Ablösungsprozess zu torpedieren. Größere Rebellion der Kinder kann die Folge sein, vermehrte innere Unsicherheit des Heranwachsenden und letztlich ein Scheitern seiner Lebenspläne trotz objektiv ausreichender Begabungen. Oder Gefügigkeit mit möglichem Verzicht auf viele der eigenen Wünsche und Träume, ohne diese an der Realität erprobt zu haben. Oder aber, wenn die Kinder sich mit ihrem Vorhaben erfolgreich durchgesetzt haben, machen sie sich möglicherweise in ihrem Inneren ständig Vorwürfe, die Eltern verlassen zu haben. Wie kann man *so* sein Lebensglück finden?

Kinder können ihre sehgeschädigten Eltern in der einen oder anderen Situation auch als besonders hilfsbedürftig erleben: Der Säugling brüllt, die Eltern sind unsicher, ob die Ursache beim wunden Popöchen oder am entzündeten Mittelohr oder an sonst einer eben nur sichtbaren Beschwerde liegt. Später kann das Kind elterliche Unsicherheit verspüren, wenn die Eltern ihren Sprössling ohne Flecken an den Kleidern und mit makellosen Hausaufgaben in die Schule schicken wollen. Bei derartigen Gedanken brauchen die Eltern viel Selbstbewusstsein, um ihren eigenen Weg zu finden zwischen notwendiger äußerer Hilfestellung und dem Ausrichten an gesellschaftlichen Normen bezüglich der Reinlichkeit und Ordnung im Haus und bei den eigenen Kindern.

Kinder können sich gegenüber dem sehbehinderten Elternteil aber auch als kraftvoll erleben, mit Fähigkeiten ausgerüstet, über die nicht alle in ihrer Umgebung verfügen. Das kann Selbstbewusstsein zur Folge haben und als positiver Ausgleich für viele der eben genannten Misslichkeiten erlebt werden.

Je nach Rollenbild der Eltern können sich unterschiedliche Gewichtungen der Schwierigkeiten bei der kindlichen Entwicklung einstellen, in Abhängigkeit davon, ob das Kind eine sehgeschädigte Mutter oder aber einen sehgeschädigten Vater hat.

Sehgeschädigte Großeltern

Die Vorbildfunktion sehbehinderter Großeltern für die Einstellung ihrer Enkel zu einer Sehschädigung ist meist abhängig davon, ob der betroffene Großelternteil schon lange sehbehindert ist, das heißt mit der Lebenssituation lebt, oder ob er sie erst im hohen Alter erworben hat und die Qualität seines Lebensabends dadurch als erheblich beschnitten erlebt. Die mitmenschlichen Beziehungen können statt der eigenen Kinder ein Lieblingsenkelkind betreffen mit all den damit verbundenen Stärken und Konflikten.

Ein sehgeschädigter Partner

In einer Partnerschaft kann eine Sehbehinderung zu einem Problem werden, muss es aber nicht. Ich selbst kenne genügend Ehen beider Kategorien. Die Gefahr liegt darin, dass der sehbehinderte Partner versucht, seine Probleme beim Partner abzuladen und ihm damit die Verantwortung für das eigene Wohlbefinden aufzuhalsen, die er eigentlich selbst tragen sollte. Weist der nichtbehinderte Partner dieses von sich, muss der Behinderte seine Probleme selbst lösen, wenn er keinen anderen »Abladeplatz« findet.

Schwierig wird es nur leider dadurch, dass sich die »abladenden« Partner häufig mit Erfolg solche Lebensgefährten suchen, die bereit sind, sich die fremde Verantwortung im Übermaß aufzubürden. Dabei möchte ich mit Nachdruck darauf hinweisen, dass es selbstverständlich zu einer lebendigen, gesunden Partnerschaft gehört, auch in schwierigen Zeiten, wie zum Beispiel einer Erblindung, fest zum Partner zu stehen, sich mit ihm zu identifizieren und seine Probleme zeitweise zu den eigenen zu machen. Aber eben nur, wie es der helfende Partner zu tun vermag, nicht darüber hinaus. Rechtzeitig eingesetzt, können außenstehende Helfer auf Dauer für eine Ehe konstruktiver sein.

In den meisten Ehen mittleren oder höheren Alters herrscht oft noch das traditionelle Rollenverständnis von Mann und Frau. Eine sehbehinderte Ehefrau fühlt sich hier häufig ihrem sehenden Ehemann gegenüber verpflichtet, durch vielerlei Erfindungen ihren Haushalt zu bewerkstelligen. Der Wunsch nach menschlicher Zuwendung und auch der ebenso natürliche nach einer gewissen Eigenständigkeit und Unabhängigkeit können – für die Familie sowohl unvorhersehbar wie auch nachvollziehbar – dann mit der Sehbehinderung begründet werden. Der Ehemann und auch vielleicht die Kinder werden dadurch in Abhängigkeit gehalten. Denkt der Ehemann an eine Trennung, ist er der Böse, der eine behinderte Frau verlässt, die ihr Leben doch nicht allein meistern kann. Oder doch?

Der sehbehinderte Ehemann wiederum kann in einer traditionellen Rollenverteilung durch den Beruf völlig aufgesogen sein und weder für die Familie noch für einen gesunden Freizeitausgleich Zeit und Energie haben. Von ihm werden jegliche weiteren Aufgaben oder Verantwortlichkeiten ferngehalten. Alles übernimmt die sich aufopfernde Ehefrau, seltener die Kinder. Nimmt nun die Sehverschlechterung zu, dann sieht der angestrengte Familienvater keine andere Möglichkeit mehr als den Ausstieg aus dem Beruf. Das »schwarze Loch«, in das er fällt, ist tief und dunkel. Die aufopfernde Ehefrau versucht wie eh und je, es auszufüllen; der Ehemann nimmt das (wie eh und je) als selbstverständlich hin, ohne an eine eigene Initiative zu denken. Er beginnt im günstigsten Falle aufzuwachen, wenn die Ehefrau, restlos ausgebrannt, das Handtuch wirft. Weder sie ist häufig in der Lage, klare Warnsignale rechtzeitig auszusenden, noch vermag er die vagen Warnlichter zu registrieren. Schade! Denn wie schön ist doch die Gewissheit, einen Partner zu haben, mit dem man durch dick und dünn gehen kann – nur darf eben weder der eine noch der andere im Sumpf versinken, schon gar nicht in dem des anderen. Da endet die traute Gemeinsamkeit. Die Grenzziehung ist für jedes Paar, für die unterschiedlichsten Situationen und Zeiten immer wieder anders.

Ein sehgeschädigtes Geschwister

Die vermehrte Aufmerksamkeit der Eltern für das sehbehinderte Kind im Vergleich zu den übrigen Geschwistern ist menschlich verständlich, kann aber bei den Nicht-Behinderten Eifersucht, Wut und Rebellion gegen das Gefühl der ständigen Zurücksetzung der eigenen Person wecken. Diese Erfahrungen können sich verwurzeln und das weitere Leben beeinflussen. Dies geschieht besonders bei integrierter Beschulung des behinderten Kindes, das heißt, wenn beide Geschwister Tag und Nacht glauben, miteinander konkurrieren zu müssen. Das Zwangsgefühl, helfen zu müssen, und gleichzeitiger Hass auf den Hilflosen können lebenslang freie menschliche Begegnungen zur Tortur werden lassen. Andererseits kann die andere Lebensweise des blinden Geschwisters bei den Übrigen den Erfahrungshorizont für die Vielfalt des Lebens schon im Kindes- und Jugendalter erweitern und bereichern.

Die Konstellation innerhalb der Geschwisterreihe hat durchaus Einfluss auf die Entwicklung und das Wohlergehen aller Familienmitglieder. Ist das älteste Geschwister von einer Seheinschränkung betroffen, so können die nachfolgenden in einem Übermaß Rücksicht nehmen müssen. Das übliche Rollenverständnis mit dem Vorrecht des Erstgeborenen kann überaus strapaziert werden, wobei die sonst damit verbundene Pflichterfüllung vom sehbehinderten Kind nicht erwartungsgemäß geleistet werden kann. Das ältere Kind fühlt sich als Versager, die jüngeren sehen sich in ihrer Forderung bestärkt nach »Freiheit, Gleichheit, Brüderlichkeit!« Zum Glück können sie auch ihre befriedigende Nische finden.

Ein jüngstes Kind als Betroffenes läuft Gefahr, nicht nur für die Eltern stets Sorgenkind und Nesthäkchen zu bleiben, sondern auch für die älteren Geschwister, wenn diese häufig für das »Kleine« Aufsicht oder Verpflichtungen haben übernehmen müssen.

Mehrere sehgeschädigte Familienmitglieder

Sind mehrere Geschwister oder Mitglieder der gleichen Generation von einer Sehbehinderung betroffen, kann viel leichter ein Austausch miteinander erfolgen, ein bestärkendes wie ein kritisches Abgucken vom Leben in der besonderen Situation. Die betroffenen Mitglieder fühlen sich nicht von ihren speziellen Erfahrungen, Erlebnissen und damit Gefühlen auf weiter Flur allein gelassen, sondern können »Weggefährten« zur Identifikation finden. Andere Lösungswege für das Leben mit Blindheit sind nicht automatisch auch an andere Erziehungswege gebunden, wie dies ein Vergleich mit blinden Freunden zeigt, zum Beispiel bei Freizeitaktivitäten für Sehgeschädigte.

Tritt die Sehbehinderung generationenübergreifend auf, das heißt, ist sie erblich, dann erleben die zuerst betroffenen Familienmitglieder häufig einen großen Schrecken, schämen sich der vererbten Erkrankung und fühlen sich schuldig mit allen auftretenden Problemen. Sie können aber auch im Hinnehmen der Sehbehinderung eine Vorbildrolle für die nächste Generation einnehmen. Diese sieht dann, welche Art des Lebens mit einer Seheinschränkung geführt werden kann. Dies ermöglicht zumindest eine Orientierung, über die ein einzelnes sehbehindertes Mitglied in einer ansonsten sehenden Familie nicht verfügt. Diese jungen Menschen können entweder dem Vorbild folgen oder in wohl getroffener Entscheidung differenziert einen alternativen Lebensplan für sich entwerfen, der zu ihnen und ihrer Zeit passt.

Da wir nicht allein in der Welt existieren, unterliegen wir alle sowohl den guten wie auch den gefährlichen Einflussfaktoren einer bestimmten Familienkonstellation. Glücklicherweise sind wir als Erwachsene diesen Einflüssen nicht mehr hilflos ausgeliefert, sondern können sie auch aktiv mit gestalten. Jahrelanges Warten an unserer Hausecke lässt nur kostbare Zeit verstreichen, in der wir etwas für unser Glück tun könnten.

8
Menschliche Macht oder Ohnmacht?

Welchen seelischen Belastungen und Überlegungen ist ein sehgeschädigter Mensch ausgesetzt, wenn er weiß, dass nicht nur er selbst an einer Sehminderung, sondern auch seine Kinder mit unterschiedlicher Wahrscheinlichkeit an einer solchen leiden werden?

Eigene Lebensplanung

Jeder, der an einer heute unheilbaren Krankheit leidet, wird durch diese Tatsache in seiner Lebensplanung bestimmt: sei es, dass er sich dafür entscheidet, die Augen vor der Bedrohung zu schließen, bis diese ihn unwiderruflich eingeholt hat; sei es, dass er die Schullaufbahn, die Ausbildung, den Beruf, die Freizeitgestaltung, Hobbies, die eigene Familienplanung ganz darauf abstimmt. Beide Einstellungen bergen Chancen wie auch Gefahren in sich.

Der ewig Wegschauende scheint das Leben (zu Recht?) in vollen Zügen zu genießen. Oder sucht er nur ein glitzerndes »Theaterspiel«, um der »schlimmen Realität« nicht ins Auge sehen zu müssen? Bei den ersten Einschränkungen kann ihn das Erwachen dann aber ganz besonders treffen. Hatte er doch innerlich diese Seite der Wirklichkeit so weit weggewünscht! Aber vielleicht sog dieser Wegschauer nur all die vermeintliche Grenzenlosigkeit in sich ein, war sich ihres Wahns sehr wohl bewusst, genoss das Leben und verschwieg seine innersten Zweifel und Regungen nur gegenüber dem Beobachter?

Der bewusst planende Mensch scheint sich gut auf die Zukunft einzustellen, alles scheint zu stimmen, der Beruf, die Freizeit, Freunde, der Lebenspartner. Doch was geschieht, wenn der Beruf plötzlich nicht mehr gefragt ist, der Partner andere Wege gehen möchte oder zum Beispiel das nahe gelegene Schwimmbad geschlossen wird (jedoch das nächstgelegene in unerreichbarer Ferne liegt)? Bei derartigen abrupten Veränderungen im Leben ist größte Flexibilität gefragt. Da sollte der bekümmerte Mensch aus dem alten Leben ausbrechen können, das ihn vielleicht zuvor wie ein schützender Vogelbauer mit guter Versorgung umfangen hatte. Draußen lockt so vieles, aber die Flügel sind ungeübt. Das Angebot besticht und ängstigt zugleich mit all seinen Unwägbarkeiten. Das zornige Hadern kann leicht über die Lippen gehen, zum Beispiel: »Warum schien die Käfigtür nur früher von innen verriegelt? Warum habe ich mich früher nur nicht getraut? Warum wurden denn früher keine neugierigen Ausflüge auf Probe unternommen?« Aber vielleicht stand die Käfigtür sehr wohl offen. Jeder fliegt doch auf seine Art mit der Fantasie aus. Nur »blinde« Beobachter sehen nichts von diesen genussvollen Ausflügen!

Jeder muss für sein Leben und die eigenen Lebensumstände seine Position finden, die ihm genügend Sicherheit gibt, um dann bei den stets unpassenden Veränderungen für neue Wandlungsprozesse flexibel zu sein.

Was befürchtet der Mensch mit einer erblich bedingten und fortschreitenden Erkrankung am meisten (draußen im »rauen« Leben)?

Belastungen bei der Partnerwahl

Wie ergeht es nun einem herangewachsenen Menschen mit einer bekannten erblich bedingten Augenerkrankung, wenn er eine immer stärkere Bindung zu einem anderen Menschen entdeckt und die Vorstellung in ihm Raum ergreift, mit ihm viele der vor ihm liegenden Jahre gemeinsam verbringen zu wollen? Welche Hoffnungen und Ängste regen sich da in ihm?

Verspürt der junge (oder reife) Erwachsene Furcht vor einer möglichen Zurückweisung durch seinen Liebsten, weil er selbst glaubt, nicht der »Norm« von einem makellosen, omnipotenten Partner zu entsprechen?

Zu welchem Zeitpunkt einer guten Freundschaft kann *man* seinem Liebsten die Tatsache offenbaren, dass *man* nicht nur jetzt in bestimmten Situationen mal schlecht sieht, sondern dass dieses Sehvermögen im Laufe des Lebens abnehmen wird und dass auch Kinder mit einer gewissen Wahrscheinlichkeit daran leiden werden? Soll die Wahrheit allmählich ans Licht kommen oder auf einmal in geballter Form? Sollte der betroffene Partner die Initiative für das Gespräch ergreifen oder kann er abwarten, bis der Liebste nachfragt? Wenn das klärende Gespräch geplant ist, in welchem Rahmen sollte es geschehen, bei einer Flasche Wein mit einer Kerze, im kuscheligen Zelt während des entspannten Urlaubs? In einer Disko mit wilden Tänzen, um zwischendurch die auftretenden Gefühle abzureagieren?

Ich persönlich weiß von mehr als einer jungen Freundschaft, die sich durch derartige Schwierigkeiten nicht beirren ließ. Andere zarte Bande wiederum zerbrachen an solchen Belastungen. Leider – oder gut so, lieber früher als später?

Für den zurückgebliebenen betroffenen Partner kann sich der Trennungsanlass (hier die erblich bedingte Seheinbuße) mit dem eigentlichen Grund verweben, zum Beispiel der unterschiedlichen Vorstellung darüber, was »normal« ist und was als außergewöhnlich angesehen wird. Vielleicht war die Augenerkrankung auch nur der bekannte Tropfen, der das Glas mit den vielen ausgesprochenen und unausgesprochenen Unstimmigkeiten im Beisammensein insgesamt zum Überlaufen brachte. Für den sehgeschädigten Menschen kann sich aber das Gefühl der Andersartigkeit mit dem der erlebten Zurückweisung verbinden. Hier kann sich die Wurzel für eine innere Ablehnung der eigenen Person, des Körpers, für mangelndes Selbstbewusstsein und viele andere Schwierigkeiten bilden.

Welche Stützen gibt es im Leben eines heranwachsenden jungen sehbehinderten Menschen, damit er sich einige Jahre später sicherer im Zusammensein mit einem Lebenspartner erlebt, auch im Gespräch über die Augenerkrankung? Eine von vielen Hilfen kann der Kontakt zu ähnlich betroffenen gleichaltrigen Menschen sein: Im gemeinsamen Miteinander können hier Erlebnisse ausgetauscht werden. Hierbei kann es als Stärkung erfahren werden, dass die Andersartigkeit keine Ausgrenzung bedeuten oder grundsätzlich nicht mit Vorurteilen verknüpft sein muss.

Was kann einen jüngeren Erwachsenen mit einer erblich bedingten Augenerkrankung noch zusätzlich zu all den eben genannten Schwierigkeiten während einer Partnerfindung verunsichern?

Ein Elternteil kann (natürlich auch unabhängig von seiner Sehkraft) bewusst oder unbewusst Leitbild für die Partnerfigur werden. Die unterschiedlichsten Eigenschaften können anziehen, ob der Elternteil die Behinderung nun annahm oder versuchte, sie mit viel Kraft wegzuwünschen, dabei möglicherweise auch eine Normalität mit guter Eingliederung vorgaukelnd. Der gefundene Liebste kann aber auch nur auf den ersten Blick diesem Elternteil ähneln. (Diese Enttäuschung muss so manche junge Partnerschaft verkraften.) Auch die Einstellung des Liebsten zur Seheinbuße als einer Andersartigkeit stimmt (erstaunlicherweise) häufig nicht mit der des entsprechenden Elternteils überein. Welche Überraschungen oder Enttäuschungen tauchen auf! Besonders schmerzhaft kann die Konstellation sein, wenn der Elternteil die Seheinbuße hingenommen hatte, sich der Auserwählte aber gerade im Umgang damit schwer tut.

Andere, meist jüngere Menschen suchen einen Partner, der dem Bild ähnelt, wie sie glauben, selbst zu sein. Richten sie sich nach diesem vermeintlichen Selbstbild, binden sie sich eher an Menschen, die nicht unbedingt dem Idealbild unserer heutigen

Gesellschaft entsprechen. Gemeinsam können sie sich dann als stark erleben.

Ebenso kann sich ein Mensch einen Partner suchen mit Eigenschaften, die er selbst gerade nicht besitzt, zum Beispiel ein vollständiges, makelloses Sehvermögen. Da der suchende Mensch über keine perfekte Sehkraft verfügt wie der Liebste, erlebt er sich selbst als weniger wichtig, weniger wert, der Partner wird dagegen »in den Himmel gehoben«. Ist das eine gute Basis für ein langjähriges, ausgeglichenes Zusammensein, falls keine Korrektur erfolgt?

Gesellschaftliche Strömungen heute

Welchen gedanklichen und ideellen Strömungen sind heute die Menschen in unserer vielschichtigen Gesellschaft ausgesetzt angesichts einer erblich bedingten Erkrankung?

Noch vor gar nicht allzu langer Zeit gab es einerseits eine hochgepriesene Hilfsbereitschaft in der Gesellschaft und in den Großfamilien gegenüber den schwächsten Mitgliedern. Die Ursachen vieler Erkrankungen waren damals nicht gut bekannt, ob sie nun durch die Umwelt bedingt waren oder durch Infektionen, durch eine Erbanlage oder durch mehrere dieser und anderer Faktoren. Aus welchen philosophisch-ethischen Gedanken auch immer, entstand andererseits hauptsächlich in der ersten Hälfte des 20. Jahrhunderts die Ansicht, dass die Menschen, die krank und schwach waren, aus der Gesellschaft entfernt werden müssten, vorsorglich auch diejenigen, die eine derartige Erbanlage für eine Krankheit in sich tragen konnten. Erkrankungen, die *nur* auf einer zufällig erworbenen Infektion beruhten, wurden als weniger »schlimm« betrachtet, ihrer brauchte man sich weniger zu schämen als einer erblich bedingten Krankheit.

Auch heute ist bei vielen Erkrankungen noch nicht zu sagen, ob sie durch bestimmte Erbanlagen mitverursacht werden. Dennoch ist die moderne Medizin inzwischen schon so weit, zu erkennen, dass eine erblich bedingte Erkrankung durch die Veränderung nur einer einzigen winzigen Substanz in der Erbanlage hervorgerufen werden kann. Und warum sollte die modernste Medizin (als Gentechnik verkleidet) es nicht erreichen, dies kleinste »kranke« Teilchen durch ein funktionsfähiges zu ersetzen?

Darf ein moderner Genforscher nur meine eigenen kranken Netzhautzellen heilen oder darf er auch meine Keimzellen verändern, die ja auch eine falsche Information in sich tragen und so meine Kinder erkranken lassen? Manipulationen könnten hier viel Segen bringen. Aber mit welchen Gefahren ist der Segen verbunden? Welches Risiko birgt die Forschung hier (denn sie muss ja probieren)? Mir persönlich erscheint eine Manipulation an Keimzellen als »zu gefährlich«; ich kann einen solchen Eingriff nur mit den großen Taten der Schöpfung vergleichen, jedoch nicht durch Gott geschehen, sondern jetzt durch den Menschen. Ich trage jedoch den Respekt vor einer großen, stilllauten (göttlichen) Kraft auf unserer Welt in mir. So sollten die Versuche der modernen Forscher von einem respektvollen und verantwortungsbewussten Handeln gegenüber ihren Versuchstieren und -objekten sowie ihren Patienten zu Zeiten der Erprobung ebenso wie bei Routinetätigkeiten getragen sein.

Da die moderne Medizin in Riesensprüngen voranschreitet, um unser aller Leiden zu lindern, wird sie auf vielen Gebieten sicherlich auch Erfolge vorweisen. Doch werden wir das bezahlen können? Wer von uns möchte nicht zu dem »erlesenen« Kreis der behandelten Menschen gehören? In solchen Momenten sind uns die anderen kranken Mitmenschen beispielsweise mit Herz- oder Leberbeschwerden weniger wichtig. Wie weit reicht die Solidarität der Gesellschaft mit ihren schwächsten Mitgliedern, mit den älteren, behinderten Mitmenschen? Wer entscheidet über eine gerechte Verteilung teurer Behandlungen angesichts beschränkter Mittel? Zum Beispiel nur die Patienten oder auch Angehörige, Ärzte, Krankenkassen, Juristen, Vertreter von Selbsthilfeorganisationen? Wer legt die Entscheidungskriterien fest?

Für wen ist eine freie Entscheidung angesichts der vielfältigen Probleme bei einer erblich bedingten Augenerkrankung möglich? Selbst Ärzte als die doch eigentlichen Spezialisten fühlen sich immer wieder durch Juristenurteile in ihrem freien Handeln eingeengt. Zu Recht? Zu Unrecht?

Welche unterschiedlichen Positionen für ein ideales Menschenbild bieten sich den Menschen an, die unter dem Eindruck einer erblich bedingten Erkrankung eine Orientierung für ihr Leben suchen? Wenn sie schon selbst nicht vollkommen sind, sollen dann nicht wenigstens die Menschen perfekt sein, deren Entwicklung sie beeinflussen können wie vor allem ihre Kinder? Sollten diese einer ganz bestimmten Vorstellung von Größe, Intelligenz, Interessen, Körpergröße, -form, Muskelbildung bis zur Zahnstellung entsprechen? Moderne Humangenetik scheint diesen Wunsch nach allgemeiner Volksmeinung ja »bald« zu erfüllen. Oder dürfen die Kinder der Betroffenen ebenso Ecken und Kanten haben wie so vieles Unvollkommene im eigenen Leben? Dürfen sie selbst zusammen mit ihren Kindern bunt wie ein Bauerngarten sein mit seiner Blütenfülle, aber auch mit »Unkräutern«?

Folgen diese Menschen lieber der Natur, wie sie von Gott geschaffen wurde, oder wünschen sie sich ein von der menschlichen Medizin manipuliertes Wesen? Wann löst die Technik die Natur ab und wann fordert diese wieder ihr Recht? Die vielerlei Überlegungen und Diskussionen über die Begleitung todkranker Menschen und die Art des Sterbens zeigt, wie schwierig diese Grenzziehungen sind.

Kinderwunsch?

Welchen Überlegungen und Idealen gehen heute Eltern bei einer Familiengründung mit Kinderwunsch nach, wenn einer der beiden Eltern an einer erblich bedingten Augenerkrankung leidet?

Noch vor einer Generation war es allgemein üblich, von einer werdenden Mutter als einer Frau zu sprechen, die »guter Hoffnung« war. Heute hoffen Eltern nicht mehr nur auf ein gesundes Kind, sie wünschen sich Gewissheit darüber; sie scheinen einen Anspruch darauf zu erheben. Wird dieser nicht erfüllt, kann die Enttäuschung grenzenlos sein.

Viele betroffene junge Menschen wählen heute dank der unterschiedlichsten Informationsmöglichkeiten durch die moderne Medizin instinktiv einen logisch schlüssigen Weg: Sie versuchen zuerst, sich beim Spezialisten eine qualifizierte Diagnose stellen zu lassen. Danach erörtern sie mit ihm zusammen die Bandbreite der Verlaufsform der Erkrankung, heutige Therapiemöglichkeiten, einen möglichen Einsatz von Hilfsmitteln. Mit der exakten Diagnose suchen sie dann vor allem den Humangenetiker auf, den Fachmann für die Frage, ob diese Erkrankung erblich bedingt sein kann und mit welcher Wahrscheinlichkeit eigene Kinder daran leiden werden. In Selbsthilfegruppen können suchende Menschen Antworten auf ihre Fragen finden, welchen Grad der Zufriedenheit Patienten in einem fortgeschrittenen Stadium der Erkrankung zu erreichen vermögen; sie können beobachten, dass es Regentage *und* auch Sonnenschein in deren Leben gibt. Auf diesem Wege kann ein junges Paar sichere Informationen über das reale Erkrankungsrisiko eines Kindes erhalten und sich dann entscheiden. So einfach?

Ärzte möchten der elterlichen Enttäuschung und der möglichen Belastung der Gesellschaft durch ein behindertes Kind vorbeugen. So entwickelt die moderne Humangenetik immer mehr Methoden, um schon vor der Geburt festzustellen, ob das ungeborene Kind Erbanlagen für die unterschiedlichsten Erkrankungen in sich trägt. Heute sind diese Untersuchungen noch sehr teuer, sodass die Humangenetiker nur nach »verdächtigen« Genen forschen dürfen, zum Beispiel nach den Erkrankungen, die in der Familie real existieren. Aktuell ist diese Untersuchung sowohl für Mutter wie Kind noch recht risikoreich und sollte deswegen von den Eltern wie dem Arzt sehr wohl überlegt werden. Und dann folgt nach heutigem deutschem Recht nur dann eine legale Abtreibung, wenn das Kind (hier durch seine Behinderung) eine »unzumutbare« Belastung für die Mutter bedeuten würde. Die Gesellschaft jedoch sollte sowohl Eltern wie Kind mittragen und unterstützen! Ich persönlich wünschte mir auch ein Kind ohne Sehbehinderung und weiß doch ganz genau, dass die Wahrscheinlichkeit dafür nur bei 50 Prozent liegt. Und dabei lebe ich selbst doch heute mit meiner Blindheit durchaus zufrieden. Welch ein Dilemma!

Eltern können aber noch unzählige weitere Fragen stellen, wenn sie ein möglicherweise sehbehindertes Kind erwarten: Wann werden Mediziner mit einer großen Wahrscheinlichkeit feststellen können, ob das Kind wie einer der betroffenen Eltern auch sehgeschädigt sein wird? Schon vor der Geburt? (Wenn ja, mit welchem Risiko?) Wann im Laufe des Lebens wird mit einer sicheren Diagnose zu rechnen sein? Wie wird der Krankheitsverlauf beim Kind sein? (Ähnlich wie der eigene oder mit welcher Bandbreite kann *man* rechnen?)

Ebenso müssen Eltern darüber nachdenken, ob sie ein Kind mit der feststehenden Diagnose »Sehbehinderung« unbefangen werden erziehen können. Oder werden sie ihrem Kind nur einen unausgeglichenen Lebensraum von Erlaubtem und Verbotenem geben können, vielleicht auch wechselnd von dem Extrem »alles ist erlaubt« bis hin zu »alles ist verboten, weil es gefährlich ist oder werden wird«. Von Krebsstationen für Kinder weiß die moderne Medizin, dass derartige Einstellungen den Kindern am nachhaltigsten schaden, so verständlich ein solches elterliches Verhalten bei all dem Kummer, dem Schmerz und Zorn über die Erkrankung auch sein mag.

Elterliche Zukunftsängste sind durchaus nachvollziebar: Wird ihr Kind seinen Platz im Leben finden können? Ebenso die bange Frage: Welchen Lebensenttäuschungen wird es ausgesetzt sein? Und auch die Zweifel: Werden sich die Eltern überall mit einem »behinderten« Kind sehen lassen können? Wird das Kind seinen eigenen Weg gehen können, einerseits angestoßen durch die eigene Individualität und andererseits eingeengt durch die Gesellschaft, durch andere Behinderte? Werden die Eltern Kraft und Zeit haben für Geschwisterkinder? Was wird aus so einem Kind mit »besonderen Bedürfnissen«, wenn die elterliche Bindung den Belastungen nicht standhält?

Es kann aber auch geschehen, dass sich sowohl ein Elternteil als auch das schon existierende Kind etwa zur gleichen Zeit als sehgeschädigt herausstellen. Die Eltern müssen sich nicht nur selbst mit der eigenen Augenerkrankung innerlich auseinandersetzen, sondern auch die Bewältigung für das Kind ein Stück weit mit übernehmen, bis dieses selbst dazu in der Lage ist. Angesichts der erblich bedingten Erkrankung können die Eltern viele Zweifel plagen, zum Beispiel: »Durften wir überhaupt ein Kind haben? Wer ist schuld an der kindlichen Sehbehinderung? Wollen wir überhaupt ein Kind mit einer Behinderung?« und vieles mehr. Und nach Zeiten des Haderns, des Trotzes, der zurückgezogenen Trauer werden die Eltern vielleicht bemerken, dass sie ihrem Kind nur so viel geben können, wie sie selbst besitzen, nie mehr. Danach können sie nur hoffen, dass das Kind eines Tages in eigener Verantwortung seine positiven Anlagen einzusetzen vermag und die übernommenen »Übel« ins eigene Leben mit einbaut und sich davon nicht überwuchern lässt.

Während der eigenen inneren Auseinandersetzung mit dem Schrecken nach der Eröffnung der generationenübergreifenden Diagnose einer erblich bedingten Augenerkrankung müssen wir nicht nur unsere eigenen Werte und Ideale neu gestalten, sondern auch die des Kindes und seiner Erziehung mit allen damit verbundenen Gedanken und Hoffnungen. Das bedeutet eine große Herausforderung für die gesamte Familie, sowohl für die Eltern wie auch für die Kinder.

Heil oder Fluch der Medizin von morgen?

Und wie wird es einem Menschen ergehen, der jahrelang schlecht oder gar nichts mehr gesehen hat und nun plötzlich erfährt, dass es Wege zu einem neuerlichen Sehen geben soll? Heute ist dieser Fall noch hypothetisch, aber Forscher arbeiten ernsthaft daran. Wie viele Jahre oder Jahrzehnte bis zur Erfüllung dieses Traumes vieler sehgeschädigter Menschen noch vergehen werden, weiß heute niemand genau.

Aktuell gibt es nur wenige Menschen, die nach langer Zeit der Blindheit wieder oder überhaupt erst sehen können. Doch wissen wir von ihnen, dass ihre innere Gefühlsbeziehung zur optischen Dimension in ihrem Leben eine andere geworden ist, beziehungsweise bei geburtsblinden oder sehr früh erblindeten Menschen kaum existiert. »Innere Bilder«, die nicht der naturwissenschaftlich nachprüfbaren Wirklichkeit entsprechen müssen, verändern die Erinnerungen an frühere Bilder. – Dagegen weiß ich persönlich ganz »sicher«, dass ich die Welt auch nach zehn Jahren Blindheit noch so in mir trage, wie ich sie früher gesehen habe! Meine Fantasie ist sich dessen ganz sicher. Allerdings weiß ich nicht, welche Überraschungen ich erleben würde, wenn ich jetzt wieder sehen könnte.

Grundsätzlich nehmen alle Menschen ihre Umwelt einerseits in ihren physikalischen Maßen wahr, gemäß dem optischen Aussehen, den Gerüchen, den Geräuschen, tastbaren Oberflächenstrukturen und vielen anderen Sinneseindrücken. Andererseits verknüpfen sie mit diesen Wahrnehmungen auch Gefühle, zum Beispiel die eines beeindruckenden Konzertes. Viele Menschen kennen die innerliche Überraschung, wenn sich die Mehrzweckhalle nach dem begeisternden Konzert des Vorabends am nächsten Tag in eine »Markthalle« für Kleintierhandel verwandelt. Nach ihrem Empfinden passt diese Veranstaltung nicht zum erhabenen Erleben von Kunst. Die Gefühlswelt kann sich nicht so schnell umstellen.

Diese Verknüpfung von der reinen Sinneswahrnehmung mit einer besonderen Gefühlsempfindung bricht bei einer Erblindung auseinander; allein die Klänge oder Gerüche wecken eben nicht dieselben angenehmen Gefühle wie in Verbindung mit dem Sehen! Aber alle Menschen können noch etwas lernen und so auch allmählich nicht-optische Sinneseindrücke mit der bekannten Gefühlswelt verknüpfen. Das Leben beginnt wieder stabil und verlässlich zu werden.

Wir alle kennen auch die Überraschung, wenn wir plötzlich unerwartete Geräusche hören, die wir eigentlich einer anderen Situation zuordnen oder die uns ganz unbekannt sind. Ähnlich kann es auch dem Menschen ergehen, der lange nichts mehr gesehen hat: Er muss nicht nur den jetzt sichtbaren Objekten wieder Namen geben und optische Eigenschaften erkennen lernen wie zum Beispiel Farben, sondern diese auch wieder sinnvoll zuordnen, ohne nachzudenken, wie zum Beispiel grüne Blätter eben Pflanzen (lilafarbene können dagegen nur künstlich erzeugt sein). Gleichzeitig beginnt der wieder sehfähige Mensch langsam wieder, bei optischen Eindrücken seine Gefühle zu registrieren; er nimmt sie allmählich auch nicht mehr als ängstigend hin, sondern wieder als selbstverständlich.

Diese eingliedernde Leistung nach einer Zeit der Blindheit ist ebenso schwierig und fordert die letzten innersten Kräfte heraus, wie es die Umstellung auf die Blindheit war. Je länger die Blindheit angedauert hat, desto schwieriger kann sich die Neuorientierung gestalten. Auch je früher die Erblindung eintrat und je älter der sehgeschädigte Mensch ist, umso mühseliger wird sich der Neuorientierungsprozess gestalten.

Und welche Gedanken und Gefühle werden den Patienten durchjagen, wenn er für sich registrieren muss, dass die Operation, die ihm doch Heil und Erlösung bringen sollte, nur Schmerzen brachte und ganz vergeblich war oder ihm nur zu einer geringen Lichtwahrnehmung verhalf? Möglicherweise wird er anfänglich auf Besserung im Laufe einer Zeitspanne hoffen und diese Zeitspanne für sich nochmals verlängern. Er wird hadern mit sich, der Medizin, seinem Schicksal, vielleicht auch nach »besseren« Helfern Ausschau halten. Er wird sich vielleicht resigniert zurückziehen wollen vom Leben, hoffentlich aber auch langsam wieder Freuden und Schönes entdecken.

Trotz aller Aufklärung über Gefahren eines medizinischen

Eingriffs gaukelt die moderne Medizin doch so viel Heilung vor! Es fällt schon sehr schwer, da nicht dem Rausch des Machbaren zu verfallen, sondern selbst die Grenzen menschlichen Handelns anzunehmen für sich und die eigene Familie. Doch wo liegt diese Grenze nur?

9
Von »lieben« und »bösen« Ärzten

Was macht das Arzt-Patienten-Verhältnis manchmal so schwierig? Welcher chronisch kranke Mensch hat nicht schon als haarsträubend empfundene Erfahrungen mit Ärzten gemacht? Immer wieder scheinen die Patientenerwartungen mit denen irgendeines Arztes zu kollidieren. Warum nur?

Kranke Kinder!

Als Kinder sind wir ja noch alle gleich, die zukünftigen Patienten wie auch die zukünftigen Ärzte. Alle erinnern wir uns an diese oder ähnliche Worte der Mutter, wenn wir mit hohem Fieber in unserem Bettchen lagen: »Bald kommt der Doktor, der verschreibt dir eine gute Medizin, und dann wird alles wieder gut.« Und tatsächlich, so war es auch, der Husten wurde leichter, das Fieber sank, die vereiterten Mandeln schwollen ab; alles dank der großen Medizinkunst!

Wer möchte nicht auch so viel Macht über Hilflosigkeit und über Krankheiten haben? Der Arzt in seinem weißen Kittel scheint sie zu besitzen.

Bei den eigenen Entscheidungen zur Berufswahl geht der zukünftige Patient – aus welchen Gründen auch immer – andere Wege als die des Mediziners. Der zukünftige Arzt verfolgt häufig unbewusst das Ziel, den Zustand der Hilflosigkeit bannen zu wollen, ihm nie mehr ausgeliefert zu sein, weder er selbst noch sein Mitmensch als Patient. Dafür büffelt er schon zu Schulzeiten, um den scharfen Numerus clausus zu überwinden. Ein Medizinstudium gehört nicht gerade zu denen mit viel Freiheit. Viele angehende Ärzte erreichen es deswegen oft nur unzulänglich, im Miteinander mit Gleichaltrigen anderer Studienrichtungen ihr berufliches Idealbild zu korrigieren. Geschieht dies auch nicht bei den ersten verantwortungsvollen Kontakten zu Patienten oder durch eigene schmerzvolle Erfahrungen, dann erleben sich diese jungen Kollegen im ärztlichen Berufsalltag wirklich häufig als die Bezwinger der bösen Krankheiten.

Begegnungen voll unterschiedlicher Erwartungen

Nun begegnen wir einem solchen jungen Arzt als erwachsene Patienten mit einer heute nicht heilbaren Erkrankung. Viele dieser Patienten suchen dann in ihrer Angst bei ihm die mütterliche Zuwendung oder die väterliche Fürsorge von früher und erwarten die Überwindung allen Übels. In einem derartigen Augenblick übermannt manchen jungen Kollegen wieder das alte kindliche Gefühl der Hilflosigkeit, das sie doch mit so viel Energie versuchten zu bezwingen.

Je nach Persönlichkeit des Arztes reagiert er darauf mit Schlaflosigkeit, mit einem unwirschen Verhalten dem Patienten gegenüber oder mit übergroßer Hilfsbereitschaft, um seinen inneren Zorn abzuwürgen. Dann wieder wünscht er uns Patienten weit weg von sich. Nur selten gibt er uns das Gefühl, uns wirklich in unserer Not zu verstehen. Und in unserem Innersten schreit ja immer noch alles nach dem Bild des allmächtigen Arztes von einst, der so viel konnte. Missverständnisse sind da vorprogrammiert.

Da wir als chronisch kranke Patienten tagtäglich mit unserer Erkrankung leben müssen und uns zwangsläufig mit ihr auseinandersetzen, korrigieren wir allmählich das verfälschte Bild aus Kindertagen in einem langen schmerzhaften Prozess. Wir sind als Patienten entsetzt, dass der uns behandelnde Arzt dies nicht in gleichem Maße tut, wo er doch so häufig mit schweren Krankheiten in Kontakt kommt.

»Wozu soll der Arzt denn das alte Bild aus Kindertagen verändern?« Der junge Doktor sieht lange Zeit in seiner Karriere keinen Anlass, das ihn so lange anspornende Bild des allmächtigen Könners zu korrigieren. Er hat doch noch so viele geheilte Patienten, dass er die chronisch kranken Menschen leicht aus seinem Bewusstsein schieben kann. Nur kommen sie immer wieder. So erlebt zum Glück auch er früher oder später, dass das alte Bild aus Kindertagen eine Illusion ist.

Gereiftes Verhalten

Aus dem jungen tatendurstigen Kollegen ist ein weiser, gütiger, mitfühlender Arzt geworden, der um seine Behandlungschancen und um seine Grenzen weiß.

Wir Patienten danken ihm sehr für diese auch schmerzhafte Entwicklung! Jetzt hören wir auch keine abschätzigen Bemerkungen mehr über unseren so geliebten kleinen Sehrest, der es uns ermöglicht, gerade noch den Schein von Adventskerzen zu erhaschen oder sogar noch die geschätzte Fußballzeitung entziffern zu können. Über diesen Schatz hinwegzusehen, ist schon eine Missachtung unserer gesamten Person! Bei einem menschlich gereiften Arzt mit eigenen Erfahrungen über Chancen und Grenzen im menschlichen Leben werden wir uns mit all unseren Stärken und Schwächen angenommen fühlen.

Müssen wir als Patienten mit einem heute nicht heilbaren Augenleiden jetzt aber warten, bis unser Augenarzt seine eigene Erfahrung mit Leiden gemacht hat und wir uns dann bei ihm wohl fühlen können? Sollen wir, als Schutzmaßnahme schon innerlich versteinert, jedem Arztbesuch voll Bangen entgegensehen? Welche schrecklichen Ereignisse werden denn da wieder unserer harren? Nein! Und nochmals nein!

Jeder Patient kann seinen Arzt um eine präzise Aufklärung

über sein Augenleiden bitten und darf sich Fachwörter, die er nicht versteht, erklären lassen: Kein Nicht-Mediziner braucht Wörter wie »Drusen«, »Neovascularisation« oder Ähnliches zu kennen. Hören wir etwas von »einsprossenden Gefäßen«, dann brauchen wir ein Weilchen, um zu begreifen, wohin diese denn sprossen, ob in die »Augenwand« oder etwa ins »Augeninnere«. Und warum sollen Gefäße denn so schädlich sein? (Gute Durchblutung tut doch meist gut!) All das darf und muss jeder Patient fragen, damit es ihm auch mit einem heute nicht heilbaren Augenleiden wieder seelisch gut gehen kann. Jeder Arzt sollte die Fragen seiner Patienten beantworten. Falls das Wartezimmer heute ausgesprochen voll sein sollte, kann ja vielleicht ein neuer Termin, eventuell auch nur per Telefon vereinbart werden.

Die Frage, wie es denn wohl heute in unserem Auge aussehen mag, wird uns Patienten immer bange machen. Aber jeder Arzt, mag er in seinem Inneren noch so entsetzt sein, hat die Pflicht, unsere Fragen über den aktuellen Zustand und sich anzeigende Gefahren und Chancen sachlich und verständlich zu beantworten. Wir Patienten würdigen dies, indem wir diesen Arzt auch als Mensch zu schätzen beginnen und ihn sicherlich weiterempfehlen können.

10

Helfen Alkohol oder Tabletten?

Welchen Einfluss haben auf sehbehinderte Personen solche Substanzen, deren Einnahme eine Gewöhnung zur Folge hat und den dringenden Wunsch nach »mehr« entstehen lässt?

Ich denke dabei in erster Linie an Alkohol und Medikamente aus der Gruppe der Benzodiazepine, zum Beispiel mit dem Inhaltsstoff Diazepam oder Ähnliches. Beide Substanzgruppen führen wie natürlich auch noch einige andere zu körperlichen, psychischen und auch sozialen Folgeschäden. Der Körper gewöhnt sich an sie und verlangt deswegen nach immer größeren Mengen; bei verweigerter Dosiserhöhung zeigen die Mittel schon nach wenigen Wochen weniger Wirkung. Diese Abhängigkeit hervorrufenden Substanzen oder Suchtmittel wecken ein unwiderstehliches Verlangen nach einer weiteren oder dauernden Einnahme, mit dem Ziel, schöne Gefühle zu empfinden oder Missbehagen zu vermeiden. Soziale oder berufliche Folgen werden dabei vom Konsumenten zunehmend missachtet. Letzteres betrifft uns als Sehgeschädigte erheblich stärker als den sehenden Mitmenschen.

So genannte »Antidepressiva« zähle ich nicht dazu, denn auf sie trifft es weder zu, dass sie eine körperliche Gewöhnung hervorrufen, noch dass sie ein seelisches Verlangen wecken. Nur eine höhere Dosis kann eine Art von Benommenheit bewirken.

Einnahmegewohnheiten

Alkohol als gesellschaftlich genehmigte Droge spielt in unserem Alltagsleben eine sehr unterschiedliche Rolle (unabhängig von der Sehkraft):

Da ist der Genießer, der am Abend im Kreis von Familie oder Freunden genüsslich ein Bier oder einen guten Tropfen trinkt; mit ihm können wir im Laufe des Abends über (fast) alle Themen sprechen, über Hobbies, Freuden im Leben oder auch über das Sehvermögen, das zum Glück in letzter Zeit konstant geblieben ist, oder über den Kummer darüber, dass sich die Sehkraft wieder einmal verschlechtert hat – alles Themen, über die wir uns auch ohne Alkohol in vertrauter Runde austauschen könnten. Dabei trifft die gemeinsame Runde durch feinste Interaktionen Entscheidungen darüber, über welche Themen sie sprechen möchte und welche anderen in möglicherweise nur diesem Rahmen tabu sind. Der Alkohol hat dabei keinen gewichtigen Einfluss auf die Art des Zusammenseins. Doch vermag er zu vorgerückter Stunde durchaus die Fantasie im Gespräch zu beflügeln.

Schwierig ist es mit der typischen fast täglichen Zechrunde, die sich in einer Gaststätte trifft. Das Hauptverbindungsglied aller stellt der Alkohol dar, zum Beispiel das Bier zusammen mit jeweils einem »Kurzen«. Weder eine echte mitmenschliche Beziehung noch eine gemeinsame Betätigung stehen im Vordergrund, sodass allein die Vorstellung unmöglich erscheint, hier und jetzt beispielsweise die Sehbehinderung anzusprechen. Der sehgeschädigte Zecher demonstriert dabei entweder seine Selbstständigkeit im Übermaß, oder aber er holt sich jetzt alle Art von Zuwendung, die ihm seine Zechgenossen alkoholisiert auch liebend gerne ohne Beachtung der eigenen Wünsche gewähren. Nüchtern kann das Miteinander völlig anders aussehen, auch enttäuschend.

Als eine weitere problematische Art des Alkoholkonsums erachte ich den »einsamen« Trinker, der, wenn auch nur abends, so doch regelmäßig seine Flasche Wein benötigt, um sich getröstet und nicht allein mit seinen Problemen zu fühlen. Der Kontakt zur Familie wie auch zu wenigen Freunden kann noch aufrecht erhalten sein. Dieser sehgeschädigte Mensch findet auch noch gut seinen Weg ins Bett, wo er in einen tiefen Schlaf versinkt, ohne jegliche Träume, die ihm bewusst oder unbewusst eine Möglichkeit der inneren Auseinandersetzung mit seiner Lebenslage bieten. Das »Fläschchen« Wein kann auch zu seinem einzigen Hobby werden, das noch als machbar angesehen wird. Die Lust auf das gute Tröpfchen erstickt jeden anderen Wunsch, neugierig die Nase in alte oder neue Beschäftigungen zu stecken – ein sehr notwendiges und wichtiges Unterfangen eines Menschen mit einer Seheinbuße.

In einem anderen Licht stehend erachte ich den hadernden Sehgeschädigten, der sich in seinem Zorn über die vermeintliche Ausweglosigkeit seiner Lage kurzfristig die »Hucke vollsäuft« und mit dickem Kopf in der alten Situation erwacht. Er gibt seine passive Erwartungshaltung an seine Umwelt auf und beginnt, sein Leben wieder selbst im eigenen Sinne zu gestalten.

Im letzten Falle erscheint es wichtiger, zu fragen, wie es kommt, dass gerade dieser Mensch diesen Weg gegangen ist? Gehört er zu denjenigen, die Alkohol hin und wieder als Hilfsmittel auch zeitweise einsetzen? Wann hat er die Erfahrung schon früher im Leben gemacht? Gehört er zu den Menschen, die gleich nach der Eröffnung der vermeintlich hoffnungslosen Diagnose der Wucht ihrer Gefühle nicht anders Herr wurden als durch »Totstellen« mittels Substanzen? Und ist die aktuelle »Saufzeit« als ein Rückfall in die alte Phase zu betrachten? Ein ehrliches Gespräch kann die Fragen beantworten und zu konstruktiven Lösungen anregen.

Als Ärztin möchte ich der Gruppe der Medikamente, auch mit einer gewissen Gefahr der Gewöhnung oder der Abhängigkeit, nicht ihren sinnvollen Gebrauch absprechen, solange dies für einen beschränkten Zeitraum mit einem klar umschriebenen Ziel geschieht, zum Beispiel für wenige Wochen nach der erschreckenden Nachricht über die endgültige Diagnose der Erkrankung. In dieser schweren Zeit können sie Gold wert sein. Ihre Verordnung sollte dem Arzt vorbehalten sein. Vor allem auf die seelischen Folgen ihrer Langzeiteinnahme komme ich weiter unten zu sprechen. Ihre körperlichen Folgeerscheinungen betreffen das Sehvermögen nur am Rande.

Im Folgenden möchte ich mich auf den Einfluss von Alkohol und Drogen speziell auf sehgeschädigte Menschen beschränken. In welchen Bereichen behindert oder beflügelt uns ein Missbrauch oder eine Abhängigkeit mehr als den sehenden Mitmenschen?

Körperliche Folgeerscheinungen

Die bekannteste körperliche Folgeerkrankung eines übermäßigen Alkoholkonsums ist für die meisten Menschen der Leberschaden. Zuerst kann er sich praktisch noch vollständig zurückbilden, später nur noch unvollständig. Auch viele Medikamente können potenziell die Leber schädigen. Wie viele sehgeschädigte Menschen hoffen auf Besserung ihrer Seheinbuße durch wirksame Medikamente oder auf einen Stillstand der allmählichen Verschlechterung oder auf einen langsameren Fortgang – bisher leider noch ohne sichere Abhilfe. Die bekannte Vitamin-A-Therapie, die gerade die Leber belastet, kann, wenn überhaupt, nur einer kleinen Gruppe helfen. Aber sie zeigt mir persönlich, dass ich nicht leichtfertig Raubbau mit meinem Körper treiben sollte, ich könnte es sonst eines Tages bereuen.

Bei jedem Alkoholrausch werden eine große Anzahl von Gehirnzellen vernichtet, ebenso wie bei kontinuierlich hohem Alkoholspiegel oder bei erheblichen Schlägen an den Kopf. Heute weiß die Medizin, dass viele der Zellen nicht wirklich tot sind, sondern sich wieder erholen können. Auch verfügen wir über viele Gehirnzellen, die eine Art »Reserve« darstellen. Doch eines Tages kommt der Zeitpunkt, zu dem der »Vorrat« knapp wird, meistens im mittleren oder höheren Alter, wenn viele der fortschreitenden Augenerkrankungen auch in die Blindheit übergehen. Gerade in dieser Zeit aber benötigen wir als sehbehinderte Menschen unsere »grauen Zellen« besonders zum Erlernen neuer Techniken im Lebensalltag und zur inneren Auseinandersetzung mit der neuen Situation. Wenn dann viele Gehirnzellen durch Alkohol außer Aktion gesetzt oder gar gänzlich vernichtet sind, wird uns ein Einfügen in die neue Situation erheblich schwerer fallen. Oder wollen wir, dass unsere Gehirnzellen schlummern, um die schwierige aktuelle Situation nicht ertragen zu müssen?

Ein erhöhter Alkoholkonsum schädigt auch die Nervenbahnen des Menschen, die längsten zuerst, mit der Zeit kürzere. Die längsten Nerven verlaufen vom Rückenmark zu unseren Füßen. Die Folge dieser Schädigung kann eine schlechte Wahrnehmung der eigenen Fußstellung sein. Als sehgeschädigte Menschen merken wir dann nur ungenügend, ob der Boden unter unseren Füßen leicht bergauf oder bergab zeigt oder gar vibriert. Dies sind höchst wichtige Orientierungshilfen bei einer selbstständigen Fortbewegung, wenn die Augenkontrolle nicht mehr zuverlässig ist. Die herabgesetzte Schmerzempfindlichkeit kann manchmal eher angenehm sein, wenn auch nicht ungefährlich. Bis die Nervenschädigung auch die kürzeren Nervenbahnen der Arme erfasst und beim blinden Betasten, Befühlen und bei der Punktschrift behindert, ist meist das Gehirn derart mitgeschädigt, dass der zusätzliche Verlust des Tastsinns die Lebensqualität eines blinden Menschen nur unwesentlich beschneidet.

Das Farbsehvermögen des Menschen wird bei jedem Alkoholrausch ebenfalls immer wieder beeinflusst, bis es sich auch nur noch unzulänglich erholt. Sehbehinderte Personen mit einem klaren Sehrest können dann die hilfreichen Farbkontraste nur unzulänglich für sich nutzen, nicht dem Zustand ihrer eigentlichen Augenerkrankung entsprechend. Schade!

Psychische Folgeerscheinungen

Eine Folgeerscheinung des übermäßigen Alkoholkonsums oder eines anderen Suchtmittels ist bei abhängingen Menschen auch eine Beeinträchtigung der Gedächtnisleistungen, der Willenskraft, des Lebenselans, der Tatkraft. Alles liegt darnieder. »Zum Glück« auch das Urteilsvermögen, sodass suchtmittelabhängige Menschen ihre eigenen Schwächen selbst nur unzulänglich bemerken. Ihre Mitmenschen schweigen nur allzu oft, da suchtmittelabhängige und gleichzeitig sehgeschädigte Personen sehr geschickt dabei sind, sich mit ihrer Seheinbuße als Entschuldigung für alle möglichen Unzulänglichkeiten aus der Affäre zu ziehen.

Mithilfe des Alkohols oder der Droge sieht alles so einfach aus, alle Probleme werden nichtig oder scheinbar leicht lösbar. Dann aber, nüchtern, scheint das Leben kaum mehr bewältigbar zu sein, alles ist erdrückend, und die Seheinbuße wird umso schmerzlicher erlebt. Die nächste Drogeneinnahme bringt »zum Glück« wieder Erleichterung.

Dass das Urteilsvermögen und das Reaktionsvermögen unter Alkohol und vielen Medikamenten nicht den erforderlichen Ansprüchen genügen, ist aus dem Straßenverkehr hinlänglich bekannt. Aber gerade diese Fähigkeiten brauchen sehbehinderte Personen ganz besonders im öffentlichen Raum; sie können für uns lebensrettend sein. Mit erhöhter Aufmerksamkeit müssen wir viele Situationen beurteilen. Das herabgesetzte Urteilsvermögen im alkoholisierten Zustand behindert jedoch das Gespür für unsere Einschränkung. Ein längerer Suchtmittelkonsum zeigt selbst noch im nüchternen Zustand nachteilige Auswirkungen auf Reaktion und Urteil. So sind wir nach einem übermäßigen abendlichen Alkoholkonsum (unabhängig von möglichen Entzugserscheinungen) am nächsten Morgen träger, tollpatschiger, weniger geschickt – und sind uns dessen oft gar nicht bewusst. Die »bösen« anderen behaupten dies, sie wollen uns immer nur drangsalieren, uns nicht in unserer Not verstehen, nur Ansprüche an uns stellen, uns nie in Ruhe lassen. Sie haben aber auch nie richtig Zeit für uns! »Welch ungerechte Welt!«

Ich möchte hier nicht verschweigen, dass das Reaktionsvermögen auch durch andere, nicht Abhängigkeit hervorrufende Medikamente herabgesetzt wird. Die gewohnheitsmäßige Einnahme eines Suchtmittels birgt jedoch zusätzlich die Gefahr in sich, dass der Drang danach eine Gefahrenabschätzung für die verlangsamte Reaktionszeit missachtet oder sie in Kauf nimmt.

Werden Beruhigungsmittel oder angstlösende Substanzen wie der Alkohol über Monate, gar Jahre eingenommen, lässt ihre Wirkung durch die Gewöhnung des Körpers immer mehr nach, sodass ein höherer Bedarf entsteht. Aber auch an die neue Dosis gewöhnt sich der Körper bald. So dreht sich die Spirale der Abhängigkeit weiter, denn die angstmachende Ursache, zum Beispiel die mit einer Sehbehinderung in Zusammenhang stehenden Probleme, wurden ja nicht gelöst. Wird dagegen die Angstminderung durch reales Angehen der Probleme erreicht, dann kann der Körper seine Alarmbereitschaft auch wirklich senken, und wir brauchen auch weniger von diesen Substanzen. Geschieht jedoch kein echter Lösungsversuch, verhält sich der Körper nur konsequent, wenn er das unterdrückte Angstniveau erneut versucht anzuheben, denn es besteht ja dringend Handlungsbedarf. Dann wächst das Verlangen wieder nach der angsthemmenden Substanz.

Setzen wir diese angstlösenden Medikamente oder den Alkohol als Angsthemmer plötzlich ab, prasselt die geballte Masse an Angst ungebremst auf uns ein. Wir glauben vernichtet zu werden. Ein wahrer Horror! Aber jetzt heißt es durchhalten! Denn allmählich sinkt das Angstniveau auf eine Größe, die uns unsere Handlungsfähigkeit belässt, vielleicht auch mit Unterstützung eines Antidepressivums, das diesen schrecklichen Kreislauf der Angstunterdrückung – Gewöhnung – Angststeigerung – Substanzsteigerung nicht mitmacht.

Unser Schlaf wird durch Alkohol und vor allem durch angstlösende Benzodiazepine beeinflusst: Wir schlafen tief und fest, traum- und regungslos. Dabei wird eine wichtige Schlafphase unterdrückt, der so genannte REM-Schlaf (der Schlaf mit den »schnellen Augenbewegungen«). Traumforscher wissen aber, dass diese Zeit besonders wichtig ist für die unbewusst-bewusste Auseinandersetzung mit Lebensschwierigkeiten. Wir treten also auf der Stelle. Werden die betreffenden Substanzen abgesetzt, holt sich der Körper alles »Versäumte« zurück: Wir können bis zu Wochen ausgesprochen unruhig schlafen – früher schien doch alles viel besser zu sein!

Soziale Folgen

Nicht nur bestimmte Situationen und Gegebenheiten, sondern auch die Mitmenschen bedürfen unserer Aufmerksamkeit. Wenn bei Menschen, die Suchtmittel missbrauchen, so viele seelische und geistige Fähigkeiten darniederliegen, liegt es auf der Hand, dass sie auch – gleichgültig ob sehend oder sehbehindert – in ihren Fähigkeiten des gesunden mitmenschlichen Umgangs eingeschränkt sind. Sie nehmen nicht nur die Reaktionen ihres Gegenübers langsamer wahr, sondern setzen ihr gesamtes aktives Tun und Streben für den Genuss der »Droge« ein und sind weniger an mitmenschlichen Kontakten und Aktivitäten interessiert. Sie erhoffen sich von außen, das heißt durch das Suchtmitttel oder aber auch durch ihre Mitmenschen Linderung ihres Zustandes, nicht als Folge einer eigenen Anstrengung. So wirken sie im Kontakt mit anderen häufig schwerfälliger, weniger agil, träge, wenig einfühlsam; ihr Gesprächsstoff scheint nur um einige wenige Themen zu kreisen. So werden sie für viele nicht-abhängige Mitmenschen weniger attraktive Partner. Da aber sehgeschädigte Menschen für ein harmonisches mitmenschliches Zusammensein ein größeres Repertoire an psycho-sozialen Kompetenzen benötigen, leiden sie früher im Leben bei geringerem Drogenkonsum umso deutlicher an ihren Defiziten.

Die geistige und seelische Abgeschlagenheit lässt für einen hochgradig sehbehinderten oder blinden Menschen keine Energie für eine neue Lebensorientierung zu. Die verbleibenden Möglichkeiten der Wahrnehmung und des Handelns können nur unzureichend bemerkt werden. Das soziale Lebensumfeld verkleinert sich, ohne dass dafür ein innerer Ausgleich erlebt wird wie zum Beispiel zur Zeit des Rückzugs während der Auseinandersetzung mit der Erkrankung.

Suchtmittelmissbrauch betreibende Menschen sind in der Regel auch weniger leistungsfähig. Da sehgeschädigte Menschen schon normalerweise leichter an ihre Grenzen stoßen, haben sie noch weniger »Spiel« hinsichtlich ihrer Leistungsfähigkeit. Das führt dazu, dass sich ein solcher Mensch ständig überfordert, ohne für einen gesunden Ausgleich sorgen zu können. So kann er früher arbeits-, berufs- bzw. erwerbsunfähig werden als ein Sehender bei ähnlichem Suchtmittelkonsum.

Nach einer »Saufphase« tut sich ein sehgeschädigter Mensch auch schwerer als sein sehender Freund, sich wieder in ein aktives, ausgeglichenes Leben einzufädeln. Er tut sich schwerer, sich wieder an einen Weg zu erinnern, an die Stimme seines Gegenübers, an die nötigen motorischen Handgriffe. Die Wiedereingliederung erfolgt mühseliger.

Wir sehen: Als sehgeschädigte Menschen werden wir bei gleichem Missbrauch wie unser sehender Nachbar schneller in unserem sozialen Umfeld behindert. Was bei diesem nach der Definition der Welt-Gesundheits-Organisation noch Missbrauch ist, wird bei uns durch die zusätzliche soziale Einschränkung unbestreitbar schon zur Abhängigkeit, trotz einer doch relativ geringgradigen reinen körperlichen Betroffenheit. Wollen wir uns selbst so behindern?

Und noch ein letztes Wort zu den lieben Mitmenschen eines Suchtkranken, der zusätzlich blind oder sehschwach ist: Kennt er den Weg gut allein zu seiner Kneipe, oder braucht er Hilfe? Organisiert er selbst seinen Tropfen, oder braucht er Hilfe? Geht er selbst zum Arzt und bettelt um ein neues Rezept, oder braucht er Hilfe? Löst er selbst in der Apotheke dieses Rezept ein, oder braucht er Hilfe? Daran wird deutlich, dass es für einen sehgeschädigten Menschen gar nicht so einfach ist, abhängig zu werden. Es gibt dabei eine ganze Reihe von Schwierigkeiten zu bewältigen. Leichter wird es schon, wenn uns jemand unter die Arme greift. Hilft derjenige uns damit, oder behindert er uns letztlich? Seine Motive für sein Handeln können sehr unterschiedlich sein, aber letztlich trägt er mit ein Stück Verantwortung für die Abhängigkeit. Sollte er den Betroffenen nicht besser vor die Entscheidung stellen: »Dein blöder Stoff oder ich?«

11
Lebenspraktische Fertigkeiten

Wie erreicht es nun jemand, der sehr schlecht oder nicht mehr sieht, all die Dinge des Alltags zu verrichten? Eine allgemein verbreitete Erfahrung zeigt, dass *man* zum Zähneputzen, zum Schminken vor dem Spiegel, zum Eingießen des Tees, zum Einschalten des Radios, zum Treppensteigen, zum Auffinden der Bushaltestelle, zu allem stets die Augen benötigt. Wie erreichen es blinde oder hochgradig sehgeschädigte Menschen trotzdem, auch selbstständig in einer eigenen Wohnung zu leben? Und dabei auch noch glücklich zu sein, sich ausgefüllt zu fühlen?

Meine verwunderten sehenden Mitmenschen vergessen, dass sie selbst auch noch Finger zum Fühlen, eine Nase zum Riechen, Ohren zum Lauschen, ein Gleichgewichtsorgan zur Kontrolle der Schieflagen, ein Zeitgefühl für die Vergänglichkeit der Minuten haben. Unsere Haut erzählt außerdem unendlich vieles, zum Beispiel wie warm oder kalt ein Gegenstand ist, wie seine Oberflächenbeschaffenheit ist, wie die Form ist. Mit den Fingern können wir dem Gegenstand Töne entlocken, dem Klang lauschen, seinem Echo in der Umgebung. Lasse ich mich einmal auf einen anderen Sinneseindruck ein, kann die Welt durch die Fülle der kombinierten anderen Sinneswahrnehmungen ebenfalls »bunt« werden, nur eben anders bunt als zu sehenden Zeiten.

Viele der praktischen Handgriffe, deren wir uns noch sehend bedienten, hatten wir uns in unserer Kindheit und Jugend von anderen Menschen abgeschaut und sie dann in leicht oder stark abgewandelter Form in unser ganz eigenes Repertoire übernommen. Mit erneuten Abwandlungen und indem wir das Augenlicht durch andere Fähigkeiten ersetzen, können wir vieles von früher übernehmen, anderes haben blinde Mitmenschen für uns zum Nachmachen erfunden. Und jeder Blinde wird wieder eine ganze Reihe erfinden, was andere Betroffene übernehmen können.

Meine unterschiedlichen Sinneswahrnehmungen helfen mir, mein Alltagsleben zu bewältigen. Dabei gilt für mich der Grundsatz: »Noch ist kein Meister vom Himmel gefallen.« Tätigkeiten, die ganz selbstverständlich sind, wie Ankleiden, mussten wir alle als Kinder auch erst lernen und benötigten zu Anfang mehr Zeit als später im Erwachsenenalter (ausgenommen, wenn wir ausdrücklich bummeln wollen). Aus diesem Grund lautet meine persönliche Maxime: Zu Zeiten des Erprobens und Einschleifens nehme ich mir durchaus mehr Zeit und sollte auch nicht ausgesprochen müde sein. Meine einzigen Brandblasen der letzten zehn Jahre seit meiner Erblindung holte ich mir unter diesen ungünstigen Umständen.

Organisatorische Vorüberlegungen

Bevor ich beginne zu handeln, zahlt sich eine gewisse wohlüberlegte Systematik bei mir erheblich mehr aus, als ich als Sehende jemals dadurch belohnt wurde. So stehen zum Beispiel meine mit Blindenschrift markierten Gewürze griffbereit in alphabetischer Reihenfolge, in unterschiedliche Gruppen aufgeteilt. Einige »Exoten« unterbrechen jeweils die Eintönigkeit der Form ihrer Nachbarn. »Magnetisches Dymoband« hilft, echte Metalldosen voneinander zu unterscheiden, und ist »recyclebar«. Meine Faulheit bewahrt mich zum Glück davor, zur Sklavin meiner Ordnung zu werden.

Großen Respekt habe ich vor Zerbrechlichem, zum Beispiel guten Gläsern, vor allem wenn sie dicht am Tischrand stehen und wenn ich dahinter solch gefährliche Gegenstände wie einen

Elektrokocher mit langem Kabel hervorholen muss. Deswegen lautet mein Motto: Alles stets weit weg vom gefährlichen Rand und so wenig Flatterärmel oder Kabel wie möglich! Zum Beispiel einen abhebbaren Kocher, einen abnehmbaren Wassertank beim Dampfbügeleisen und so fort.

Auf der Suche nach Flusen helfen mir Wischtuch und Staubsauger. Eine systematische Einteilung des Raumes in »Planquadrate« mit taktilen Außengrenzen leistet dabei Vortreffliches, zum Beispiel: Jetzt ist die Fläche vom linken Tischbein bis zur Tür dran.

Punktschriftblätter mit dem Pünktchenurwald der Kurzschrift müssen bei mir stets ihre linke obere Ecke lassen; so erspare ich mir die mühselige Orientierung mit der spannenden Frage: Wie herum gehört das Blatt? Ich kann dann sofort zum Inhalt übergehen. Auch Schriftstücke in Schwarzdruck erhalten links oben einen winzigen Einriss; so wandern sie korrekt in den befensterten Briefumschlag oder in den Aktenordner und betreiben keinen verwirrenden Kopfstand.

Grobes Fühlen

Hüte ich meine Fingerkuppen vor gefährlicher Hitze und vor Dornen, können sie mir stets als Fühler dienen. Zum Beispiel: Wo sind welche Kipp- oder Drehschalter? Ich meide Sensorenschalter wie der Teufel das Weihwasser, da ich sie schon bei ihrer Suche unfreiwillig in Funktion versetze. So berichtet mir erst der harte Mini-Pullover, dass ich die Temperatur der Waschmaschine zu hoch eingestellt hatte. Aufgemalte Beschriftungen an Geräten kann ich mir nachträglich leicht durch Aufbringen eines tastbaren Materials oder durch grelle Farben in Erinnerung bringen.

Verläuft die Sehverschlechterung schleichend über viele Jahre, hat jeder Zeit; die neuen Haushaltsgeräte können dann auf die zukünftigen Bedürfnisse eingestellt werden. So erscheint mir ein herkömmlicher Küchenherd mit deutlich durch einen Gegenstand fühlbaren Heizplatten praktischer als ein solcher mit einer völlig planen Keramikoberfläche, deren Hitzequelle ich weniger ökonomisch auffinden kann. Ähnliches gilt für die anderen elektrischen Geräte mit längerer Lebensdauer.

Ausgesprochen gefährlich sind Wasserhähne, lange Pfannen- oder Kochtopfstiele, wenn sie auf meinem »Transportweg« von gutem Geschirr oder von etwas Heißem im Weg sind. Zum Glück bin ich ja meist die Herrscherin über ihre passende Ausrichtung. Nur muss ich daran denken, sonst drohen Katastrophen.

Feines Tasten

Rein taktil lassen sich praktisch alle Kleidungsstücke voneinander unterscheiden. Selbst die Hemden meines Mannes kenne ich gut: Unterschiedliche Knopfleisten, Hemdkragen, Manschetten, Ersatzknöpfe, Brusttaschen, Stoffmaterial, Firmenschildchen verraten sie. Wenn meine eigenen bunten Blusen aus demselben Material mit gleicher Form und ähnlichen Alters sind, helfen mir hier kleine Markierungen. In Anbetracht meiner eigenen Schusseligkeit sind sie stets einheitlich: Eine größere Marke zeichnet eher dunkle Strümpfe oder Blusen aus, helle Teile werden mit kleineren, feineren Marken versehen.

Kartoffelschälen erschien mir anfangs als eine Zauberei. Wie staunte ich über mich und das absolute Vertrauen in meine Fingerkuppen, als ich zum ersten Mal bewusst und zuverlässig die geschälte von der ungeschälten Oberfläche eines Apfels unterschied! Diese magische Kunst lässt sich zuverlässig auf praktisch alle Obst- und Gemüsesorten anwenden. Ist der Unterschied nicht tastbar, ist er auch für beste bebrillte Augen nicht sichtbar und somit uninteressant, zum Beispiel bei jungen Karotten.

Ein Tesafilmstreifen oder sogar zwei der Art zur Markierung von Gegenständen, wenn wir noch keine Punktschrift lesen können, werden von ästhetisch kritischen Augen nur verachtet. Bei einem braunen Paketklebestreifen wenden sie sich gar ab. Wie enttäuscht war ich, als ich während der ersten Wochen nach meiner Erblindung die feinen Cellophanstreifen an den Hörkassetten mit meiner Studiumsliteratur kaum spürte. Kleine Falze per Klebestreifen waren zwar hässlich, doch deutlich, allerdings recht mühselig anzubringen, zumal wenn mehrere Kassetten in gegebener Reihenfolge zu einem Thema gehörten. So war nicht nur der Markierungsort an der Kassettenhülle (sechs Seiten) wichtig, sondern dort war auch jeweils eine andere Anzahl von Streiflein in Längs- oder Querrichtung anzubringen. Meine Mühe wurde jedoch dann durch ein schnelles Auffinden im Examensstress belohnt.

Heute prangt auf jeder Kassettenhülle von Dauer stets ein Punktschrift-Schild (nieeeeee bin ich zum Anbringen zu faul!). Eine kurzfristige oder vorübergehende Markierung erledige ich mit einem besonders geriffelten Pflaster (Marke Leukofix®). Schmale Streifen davon prangen auch an meiner Teemaschine, am Heizungsknauf, an der Waschmaschine wie an so manchem Kippschalter, der seinen Effekt mir nicht in Sekundengeschwindigkeit verrät – mein Gedächtnis braucht Schonung. Aber manchmal bieten sich auch handwerklich geschickte Helfer an, die mir statt dieser Anzeiger langlebigere Streifen aus »Markierungspaste für Glasmalereien« anbringen. Welch ein Luxus!

Körpergefühl

In der Regel konnten wir als noch sehende Patienten beim Arzt sehr gut bei geschlossenen Augen mit dem ausgestreckten Zeigefinger unsere Nase finden. Dieses richtige Körpergefühl hilft uns nun bei der Orientierung: Ein Finger der linken Hand an den Borsten meiner Zahnbürste weist der Zahnpasta aus der Tube in der rechten Hand den Weg. Zielsicher findet ja auch die Gabel den Weg zu meinem Mund. Unerwartet langstielige Löffel verraten sich schon durch ihre andere Hebelwirkung in der Hand, die präzise Länge erfahre ich bei der Kollision des Löffelendes gegen Teller oder Pudding. Mein Gehirn ist »schlau« und schätzt die neue Entfernung ab, meldet dies meinen gehorsamen Muskeln, und das leckere Eis landet im Mund, nicht auf meinem Wangenrouge. Hexerei? Nein, Übung! Übung! Übung!

Im Café mit zuerst ungewohnten Kännchen und Tassen bediene ich mich auch meiner zehn Finger: Eine Hand hält die Tasse, ein Finger nimmt die Tülle des Kännchens in Empfang und geleitet diese bis über den Tassenrand ins Innere. Jetzt kann ich gießen. Das warme Getränk verrät sich bei dünnerem Porzellan sehr bald auch von außen; hier droht keine »Überfüllung«. Bei dickerem Geschirr muss ein weiterer Finger die Höhe des dampfenden Flüssigkeitsspiegels überprüfen. Bei lauter Umgebung höre ich leider nicht wie in Ruhe zu Hause die Änderung des Plätschertons, wenn die Tasse gefüllt ist.

Weiche Torten mit nur einer härteren Schicht verzehre ich am besten, wenn sie umgefallen sind. Dabei beginne ich an einer Seite, meine Kuchengabel macht den Tortenrand aus, bewegt sich um einen Happen zum Tortenzentrum hin und ab zum Mund. Dieselbe Technik funktioniert auch bei Würstchen, Fleisch, Brotscheiben, wenn ich sie mit Messer und Gabel verzehre. Abgebröckelte Reste finde ich erfahrungsgemäß nie, wenn ich versuche, sie stets in derselben Position zu ergattern. Deswegen drehe ich meinen Teller dann um etwa 1/8-Drehung, dann kommt der leckere Bissen hoffentlich in einem günstigeren Winkel auf meine Gabel und so auch zu meinem Gaumen.

Beide Hände brauche ich, wenn ich einen Gegenstand präzise platzieren möchte, zum Beispiel einen Teller im Geschirrhalter, oder wenn ich etwas Zerbrechliches in die Hand nehmen möchte. Die eine Hand ist tastender »Vorreiter«, die andere führt die Handlung aus. Das ist Teamarbeit!

Hören

Mehrere blubbernde Töpfe und der eingeschaltete Umluftherd oder ausgesprochen laute Musik in der Küche »blenden« meine Ohren und lassen das Essen verbrutzeln.

Beim Bügeln ist es klar, dass ich bei Lärm nicht höre, wohin der eine oder andere Ärmel fällt. Was ich aber insgesamt wirklich hören muss, ist mir noch nicht vollständig klar. Ich habe nur gerade die Erfahrung gemacht, dass der laute Staubsauger, den mein Mann gerade bedient, mir viele Falten in meine üblicherweise exakt gebügelten Blusen und Hemden beschert hat – ich fühlte es deutlich.

Hilfsmittel im Lebensalltag

Welch eine Menge ausgesprochen praktischer Gerätschaften gibt es doch! Ihr Gebrauch ist sehr individuell: Zum Beispiel lieber eine taktile oder eine sprechende Armbanduhr? Und wie steht es mit dem Wecker? Verschiedene blindentechnische Versandfirmen bieten in der Zwischenzeit fast alles an. Hier lohnt sich ein Austausch mit »alten Hasen«. Diese werden dann auch vom einfachen Einfädelmechanismus aus dem Nähgeschäft nebenan erzählen, wodurch sie in der Lage sind, den »dicken« Faden durch das »enge« Nadelöhr zu ziehen. So kann der gerade an der wichtigsten Stelle fehlende Knopf der Bluse wieder seinen Platz finden. Oder wie steht es mit dem Unterscheiden von Münzen und Geldscheinen? Der blinde »schlaue Fuchs« spricht vielleicht nur verächtlich von einem Münz- oder Geldscheindetektiv (zum genauen Feststellen ihres Wertes). Für den anderen löst dieses Hilfsmittel vielleicht gerade ein wichtiges Problem. Offene Ohren lohnen sich bei der Bewältigung solcher Alltagstätigkeiten!

Auch Lesen kann wieder in greifbare Nähe rücken. Elektronische Hilfsmittel machen es möglich: für sehgeschädigte Menschen mit einem verwertbaren Sehrest per Lupen oder Bildschirmlesegerät. Vollblinde »lesen« wieder über einen computergestützten Scanner. Auch hier helfen wie in so vielem Blindenorganisationen weiter. Sie veranstalten sogar häufig Ausstellungen in Zusammenarbeit mit den entsprechenden Herstellern. Da die Krankenkassen in Deutschland die teuren Geräte finanzieren, sind sie an einer bedarfsgerechten Beratung und eventuell auch Unterweisung interessiert. Deswegen gibt es auch hier Tipps und Hinweise. Augenärzte überweisen auch an unabhängige Beratungsstellen, zum Beispiel an Sehbehindertenambulanzen vieler Augenkliniken oder Rehabilitationseinrichtungen.

Heimliche Künste

Seitdem ich blind bin, mögen mich meine Blumen. Sie spüren wohl, dass ich nicht mehr nur hin und wieder einen Blick auf sie werfe, sondern sie ausgiebig befühle, sie berieche, begutachte, sie ob ihrer mäßigen Blütenpracht tadle, mich bei ihnen für die erlittene Trockenheit entschuldige. Sie spüren, dass ich dankbar für die gezeigte Fruchtbarkeit bin und stolz reife Apfelsinlein ernte.

Sind nachts alle Katzen grau? Nein! Da muss ich energisch protestieren! Obwohl heute mein Seheindruck bei Tag wie bei Nacht hell- bis mittelgrau ist, assoziiere ich doch zu praktisch jedem Gegenstand, der meine Aufmerksamkeit erregt, eine mir altbekannte Farbe. Mit zunehmendem Zeitraum seit meiner Erblindung geschieht dies auch vermehrt bei Klängen, bei Musik, bei Gerüchen. Nein, Katzen sind wirklich nicht grau, jede ist ganz einzigartig!

Ein jeder vermag auch als blinder Mensch mithilfe der verbleibenden Sinne und praktischer oder technischer Hilfsmittel wieder vieles im eigenen Leben zu gestalten. Es gibt genügend positive Vorbilder in den Selbsthilfeorganisationen sowie auch eine ganze Reihe von Finanzierungsmöglichkeiten durch die Krankenkassen oder durch unser eigenes Blindengeld. Das Einsetzen von unserem »Köpfchen« und die sinnvolle Umsetzung in die Tat verbleiben jedoch weiterhin bei uns! Die Probleme fordern uns immer wieder heraus.

12
Orientierungshilfen

Wie schafft es ein sehbehinderter oder gar blinder Mensch, sich in seiner Umgebung zu orientieren und damit frei in der Fortbewegung zu sein? Und dies gar in wenig vertrauten Gefilden?

Seitdem ich in meinem Mobilitätstraining einst die Systematik erfuhr, wie ich als blinde Person einen mir unbekannten Raum erfassen kann, registriere ich heute noch immer, an welcher Zimmerwand ich den Raum betreten habe, an welcher Seite ich jetzt sitze, wo Vogelgezwitscher durchs Fenster dringt usw. Nach vielen Jahren sind mir diese hilfreichen Tipps in Fleisch und Blut übergegangen. Am Anfang verschaffte mir das konsequente Beachten von Charakteristika der verschiedenen Wände eines Raumes enorme Sicherheit. In fremden Schwimmbädern möchte ich auch heute am liebsten schon beim Einsteigen ins Wasser wissen, ob sich meine Treppe mit meinem deponierten Langstock an der Längs- oder Querseite befindet. Im kalten Saunabecken gibt mir mein Mann den Tipp, ansonsten ist mein Forschergeist gefragt. Außerdem gibt es ja auch noch Leute, die den Raum neu betreten: Sie verraten sich meist durch viel Lärm, alles für meine wachen Ohren.

Besonders in Hotelzimmern unternehme ich auch heute noch stets eine »Rundreise«, registriere Typisches an den verschiedenen Wänden und ihren Bezug zueinander; ich kann mich dann selbst schlaftrunken nicht mehr verirren.

Orientierende Akustik

Was geben blinde Menschen nicht vor, alles zu hören: das Echo an Wänden, »Löcher« darin, die tiefe Resonanzschwingung des Echos in einer Unterführung oder einer offenstehenden Garage, Straßenlärm, Vögel, spielende Kinder, rauschende Bäume, das Trippel-Trappel der Mitmenschen, quietschende Bremsen eines Eisenbahnwaggons, die leise Hydraulik einer sich öffnenden Bustür. Blinde Personen können nicht nur unterschiedliche Stimmen ihren Besitzern zuordnen (das vermögen Sehende am Telefon ja auch), sie beachten zusätzlich, in welcher Stimmung diese Menschen sind, selbst wenn diese versuchen, angesichts der allgemeinen optischen Ausdrucksweise die eigene Trauer durch einen roten Pullover geheim zu halten.

Viele blinde Menschen sind wahre Künstler beim Orten eines Geräusches. Das Echo der eigenen Lauterzeugung durch die Bewegung erzählt ihnen wahre Geschichten über ihre Umgebung, wie es eine Fledermaus per Ultraschall erfährt. Moderne Zugwaggons, bei denen die trennenden Abteilwände nicht mehr bis zur Decke reichen, können dann bei Unkenntnis über die andere Architektur die gewohnten Geräuschverhältnisse völlig durcheinanderbringen.

Das Horchen hilft bei der Frage, wann das Glas beim Eingießen gefüllt ist; es hilft bei der Frage: Köcheln? Starkes Kochen? Die tuckernden Dieselmotoren der Taxiwagen verraten an fremden Bahnhöfen deren Standort. Tirilierende Vögel sind dagegen ebenso wie einzelne schreiende Kinder am Baggersee unzuverlässige Orientierungshilfen, sie verändern einfach zu häufig und zu schnell ihren Standort.

Ein unbestimmtes »Da!« meines Wegweisenden erzählt mir nur, wo sich dessen Stimmbänder befinden, jedoch nicht, wohin ich mich bewegen soll. Trällert dagegen jemand im Baggersee sein »Hier-bin-ich« vor sich hin, kann sich ihm jede blinde Person unbekümmert anvertrauen. Auch wenn ein gewandter Begleiter dem Gegenstand, den er mir reichen möchte, einige Laute entlockt, darf er das ansonsten verhasste Wörtchen »Hier!« in den Mund nehmen. Ebenso dann, wenn er meine Hand dabei auf die gesuchte Stuhllehne legt. Ohne weitere akustische Informationen sind die Wörter »Da, Hier, Dort« für mich als Blinde leere Hülsen.

Der weiße Blindenlangstock

International ist ein weißer Langstock ein anerkanntes Merkmal für Blindheit oder hochgradige Sehbehinderung und darf deswegen im öffentlichen Raum nicht von Unbefugten benutzt werden. Er ersetzt die alte gelbe Blindenbinde mit ihren drei schwarzen Punkten. Letztere dient mir persönlich nur beim Skilanglauf als Hinweis auf mögliches außergewöhnliches Verhalten.

Das Attribut »unpraktisch« lässt sich dem Langstock heute angesichts der Vielfalt des Marktangebotes kaum noch zuschreiben: Es gibt für jeden etwas. Eine Ablehnung rührt entweder daher, dass der Benutzer ihn zwar kennt, sich aber damit in seiner Fortbewegung als zu langsam erlebt im Gegensatz zu anderen Orientierungsmitteln, wie zum Beispiel einem Blindenführhund oder elektronischen Hilfsmitteln. Ein potenzieller Nutzer kann den Langstock ablehnen, weil er sich nicht als blind betrachten möchte und deswegen auch in der Öffentlichkeit nicht als solcher identifiziert werden will – zumal wenn er noch über einen Sehrest verfügt.

Manche blinde Frauen gestatten eher blinden Männern den Einsatz des schmalen, langen, weißen Taststocks als einer mächtigen männlichen Waffe. Dies wurzelt in einer Unausgeglichenheit bei der Selbstwahrnehmung der eigenen Gesamtpersönlichkeit: Wir alle, unabhängig ob Frau oder Mann, tragen Merkmale beider Geschlechter in sehr wohl unterschiedlicher Ausprägung in uns. Fällt uns Frauen die Akzeptanz der eigenen männlichen Persönlichkeitsanteile schwerer, können wir auch leichter den Stock ablehnen. Auch das Gefühl für unser Gangbild mit Stock und unser äußerer Ausdruck ist völlig anders als noch zu gut sehenden Zeiten, als wir die Vögel am Himmel und gleichzeitig eine attraktive Person vor uns beobachten konnten, dabei den Weg vor uns im Blickwinkel haltend. So kann die Stockablehnung diese und noch viele andere, ganz unterschiedliche Gründe haben.

Ein weißer Langstock kann »Lärm« erzeugen, dessen Echo blinden Menschen Wunder über die Umgebung berichtet. Gleichzeitig schützt er den Körper vor gefährlichen Kollisionen. Bevor meine eigene Nase die Glastür berührt, sollte mich mein Langstock schon lange lautstark gewarnt haben. Vor Hindernissen, die erst über etwa 60 bis 70 cm in der Höhe beginnen, versagt er dagegen seine Dienste. Er hilft aber ansonsten, wichtige Orientierungspunkte aufzufinden, zum Beispiel Ampelpfosten. Treppauf, treppab ist er ein wichtiger Fühler.

Mit Stock oder einem anderen deutlichen Hinweis auf die Seheinbuße können sich unsere Mitmenschen meiner Erfahrung nach leichter auf ein unerwartetes Verhalten von uns Sehgeschädigten einstellen. Der Stock kann die Verständigung mit anderen erleichtern; er kann aber auch unbekümmerten sehenden Menschen die Kommunikation mit einem sehschwachen, der einen »Blindenstock« in der Hand hat, erschweren, zumal wenn sich dieser noch völlig zu den Sehenden zählt und kein bisschen zu den Sehgeschädigten.

Mein Langstock verleiht mir persönlich viel Sicherheit außerhalb meines Hauses. Ohne ihn fühle ich mich nackt und schutzlos. Liegt das an den Erinnerungen an viele schmerzhafte blaue Flecken vor meiner Erblindung? Meine Stöcke werden zusätzlich zu Komplizen beim Kirschenklauen und helfen beim Schliddern auf Eis, die Rutschstrecke durch Schieben wie beim Skilanglauf verlängernd. Nach der Pirsch folge ich mit Langstock stets meinem Mann, der Dank meines feinen Gehörs von Sankt Hubertus reich beschenkt wird; ich trage dann sein Gewehr und sein Fernglas, meinen Stock zum Kampf bereit gegen jedes Raubtier, das uns unsere Beute streitig machen möchte.

Wenn ich zusammen mit Sehenden gehe und wir uns unterhalten wollen, hänge ich mich gerne bei ihnen ein. So können wir uns beide ungestört auf das gemeinsame Gespräch konzentrieren, keiner von uns beiden wird durch unvorhergesehene Gefahren mitten im Weg aus der Bahn geworfen. Ich halte meinen Stock dann in der geschickteren rechten Hand schräg vor mir und gehe in der Regel so rechts neben und fast einen halben Schritt auch hinter dem anderen. Meine Begleiter sind nur für die Richtung, ich durch meine Stockgeschicklichkeit für Bodenunebenheiten verantwortlich. Dies verkünde ich auch laut. Mein Mann genießt diese Absprache: Er fühlt sich dadurch nicht für mich verantwortlich, sondern frei, kann auch viel in der Gegend herumgucken. Er warnt mich nur beim gemeinsamen Laufschritt oder vor ungewöhnlichen Hindernissen, zum Beispiel einem querliegenden Baum im Wald.

Manche Stockbenutzer fühlen sich wohler, wenn sie ihre ersten »Gehversuche« in der gewohnten Umgebung tätigen. Anderen erscheint dies undenkbar! Niemand soll sie bei den ersten noch stümperhaften Versuchen sehen, sondern alle sollen sie später beim eleganten rhythmischen Pendeln schnellen Schrittes bewundern. Zum Glück bietet unsere freie Marktwirtschaft ja beides an: sowohl das Heimtraining wie auch einen Trainingsaufenthalt fern der Heimat, meist in einer Gruppe gleich Betroffener.

Gleichgewicht und Motorik

An den Gleichgewichtssinn blinder Menschen werden größere Anforderungen gestellt als an den von Sehenden. Ich denke dabei an einen Spaziergang auf einem zerfurchten Waldweg. Der sehende Spaziergänger behält die Unebenheiten vor seinen Füßen in seinem äußersten Gesichtsfeld, sein Gleichgewichtsorgan kann sich auf »Höhen« und »Tiefen« einstellen. Ansonsten streift sein Auge durch Wald und Grün. Der blinde Mensch kann immer nur re-agieren, nachdem seine Füße hoch oben oder tief unten oder schräg Halt gefunden haben. Weit weg ist der todsichere Schritt auf der alt bekannten gleichmäßigen Treppe von zu Hause. Auch hier gilt: Übung macht den Meister. Vom Sessel aus trainieren wir weder unser Gleichgewichtsorgan noch unsere gesamte Motorik. Das wissen wir von sehenden Kindern sehr gut, und dies gilt in extremem Maße für die Förderung seheingeschränkter Kinder und Jugendlicher ebenso wie für Erwachsene.

Halten wir als sehgeschädigte Menschen unseren Gleichgewichtssinn und unsere Motorik auf Trab, dann erschreckt uns nicht die übersehene kleine Kante. Im Gegenteil, wir verfügen über eine gute Orientierungshilfe, weil wir die geringsten Unebenheiten unter unseren Füßen registrieren: die beginnende Ausfahrt auf dem Bürgersteig bergab, am Ende wieder »bergauf«. Zum vorgesehenen Fußgängerüberweg geht es auch meist deutlich bis zur Fahrbahn bergab. Veränderungen im Gelände werden deutlich spürbar: bergauf, Höhepunkt, bergab. Marburgs Oberstadt ist dabei ein gutes Übungsfeld. Aber selbst im platten Friesland gibt es spürbar kleine Erhebungen in jedem Ort, auf jedem Grundstück.

Joggen, Skilaufen wie viele andere Sportarten trainieren nicht nur Muskeln, sondern auch Motorik und Gleichgewichtssinn. Dann wissen unsere Nervenzellen im Gehirn sehr wohl, wann sie uns als blinde Menschen dazu anhalten müssen, unsere Füße deutlich anzuheben, und wann wir gefahrlos ein wenig schlurfen dürfen.

Ganzheitliche Wahrnehmung

Während des Mobilitätstrainings lernen wir als sehgeschädigte Personen normalerweise blindentechnische Grundregeln des Straßenverkehrs. Wir lernen, uns auf unsere Füße zu verlassen, zum Beispiel genau im rechten Winkel zur Bordsteinkante die Straße zu überqueren – solange uns kein schrecklicher Lärm oder unvorhergesehene Absenkungen im Boden aus der Bahn werfen. Wir lernen, uns auf unser Gehör sehr viel bewusster zu verlassen: Woher kommen Autos? Wohin fahren sie? In welchem Winkel stehen wir zur Straße? Wie groß mag die Entfernung bis zur Straße sein? Bewegen wir uns auf das gewünschte Objekt zu (mit Schallquelle) oder gehen wir daran vorbei? In welcher Höhe befindet sich die Schallquelle? Für Sehende ist es klar, dass praktisch jede Straßenecke anders aussieht. Wir blinde Menschen können uns mit der Zeit auch darauf verlassen, wir müssen nur neugierig sein und die Unterschiede registrieren: den Zaun, einen Hydranten, ein Straßenschild, Abgänge, Büsche.

Als sehgeschädigte Menschen können wir lernen, parallel zum kontinuierlich laufenden Verkehr zu gehen, zuerst in dessen Richtung, dann auch in Gegenrichtung. Dabei gehen wir auch frei mitten auf dem Bürgersteig, weder mit dem ewigen Klipp-Klapp an der Häuserwand oder faul an der Bordsteinkante. Wir registrieren, ob Haustüren, Geschäftseingänge parallel oder im rechten Winkel zur Straße verlaufen. Hauseingänge beginnen sehr unterschiedlich zu werden, mal wenige hohe Stufen, dann gar keine oder viele niedrige. Es interessiert uns, ob die Türklinke sich rechts oder links beim Eintritt befindet; unsere Mitmenschen verblüffen wir, wenn wir beim Hinausgehen dann »blind« wissen, wo die Klinke jetzt ist (aus rechts beim Eingang ist doch links geworden).

Wir können als sehgeschädigte Menschen mit der Zeit so konzentriert auf den Verkehr achten, dass wir uns zutrauen, eine normal befahrene Straße zu überqueren (bitte nicht mehrspurig!). Auch das Geheimnis einer Straßenüberquerung an einer Ampelkreuzung wird gelüftet – horche auf den parallel anfahrenden Verkehr und gehe mit ihm zusammen zügig los. Kleine Seitenstraßen werden jetzt schon mühelos überquert, indem wir wenige Meter in sie hineingehen, weg von der großen lärmenden Hauptstraße, erneut auf gefährlichen Verkehr vor uns horchen und zügig die andere Straßenseite erreichen und zuletzt wieder auf die Hauptstraße hin. Wie viele Schritte wir in Richtung Ruhe gehen, hängt von der allgemeinen Geräuschkulisse ab und davon, wie die Einmündung beschaffen ist, ob stark gebogen oder sehr eckig; denn wir wollen ja auf alle Fälle auf die gegenüberliegende Seite der Nebenstraße gelangen, nicht auf die der Hauptstraße.

Die bewusste Wahrnehmung, dass nicht nur Bäckerei und Apotheke charakteristisch riechen, sondern dass wir auch eine Buchhandlung von einem Musikgeschäft am Geruch zu unterscheiden vermögen, kann Sicherheit vermitteln. Erstaunlich ist auch, was uns alles erzählen kann, in welche Richtung wir gehen: die wärmende Sonne im Gesicht, der Wind, der immer an derselben Seite an uns zerrt, der einseitig uns durchnässende Regen, der gleichmäßig fließende Straßenlärm, eine Eisenbahnlinie, ein Glockengeläut. Mit der Zeit werden wir immer entdeckungsreicher, bis auch dies Normalität ist.

Mir persönlich ist es stets wichtig, auch die Umgebung rechts und links neben meinem Ziel zu erkunden; denn ich weiß sehr wohl um meine Schusseligkeit und Verträumtheit. Mit besserer Ortskenntnis in der Umgebung, zum Beispiel des Ampelpfostens, finde ich mich dann nach einem kleinen Irrweg leichter wieder zurecht.

Auch hier gilt: Übung, Übung, Übung! Geburtsblinde Menschen, die früh als Kinder diese Orientierungshilfen gelernt haben, sind wahre Künstler der Mobilität. Spät erblindete Personen erreichen diese Sicherheit fast nie, obwohl ihnen ihr visuelles Gedächtnis hilfreich sein kann.

Elektronische Orientierungshilfen und Blindenführhund

Selbst wenn wir uns partout nicht an einen Stock gewöhnen wollen und lieber die Hilfe eines Blindenführhundes oder elektronische Hilfsmittel in Anspruch nehmen, sind die eben zitierten Grundkenntnisse über Straßenverkehr unabdingbar.

Elektronische Orientierungshilfen werden immer benutzerfreundlicher. Ob wir uns als blinde Menschen mit einem »Astronautenhelm« auf dem Kopf und mit schwerer Elektronik versehen in der Öffentlichkeit sehen lassen wollen, ist eine individuelle Entscheidung. Ebenso die Frage, ob wir uns von einer elektrischen Versorgung und vielen technischen Defekten abhängig machen möchten. Heute befürworten viele Nutzer die angebotenen Lösungen und wollen sie auf keinen Fall missen.

Auch ein besonders dressierter Hund kann ausgezeichnete Hilfen bei der Orientierung und Mobilität leisten. Er sucht sich stets seinen Weg durch dick und dünn, umkurvt praktisch alle Hindernisse treu, warnt zuverlässig vor jeder Bordsteinkante und kann vieles mehr. So ein fester Freund versteht uns sicher bei jedem Kummer, selbst bei dem der Liebe. Er begleitet seinen Herrn während so mancher einsamen Stunde und lässt sie ihm weniger grausam erscheinen. Streichelt sein Herrchen das warme Fell, kann er so manche menschliche Bosheit getrost vergessen.

In Begleitung eines meist großen, kräftigen Führhundes werden sehgeschädigte Menschen normalerweise auch auf der Straße weniger angesprochen, können sich sogar einsam in der Welt fühlen. Sie erleben weniger übergestülpte Hilfsangebote, erleben aber auch zufälligen mitmenschlichen Kontakt mit anderen Hundebesitzern zum Beispiel beim »Gassi-Gehen«. Wiegt das Zusammensein mit dem Hund einerseits diese größere Distanz zu den helfenden und andererseits dann einen engeren Kontakt zu einigen wenigen anderen Mitmenschen auf?

Ein Hund bringt auch Verpflichtungen mit sich: regelmäßige Pflege und Versorgung, Ausführen bei Wind und Wetter, unabhängig von unserem Gesundheitszustand (besonders wichtig für Alleinstehende).

Leider kommt nach maximal zehn Jahren Zusammenleben mit einem Blindenführhund der Zeitpunkt, an dem seine Konzentration beim Führen nachlässt. Krankenkassen zahlen in der Regel einen neuen jungen Hund. Aber der Abschied tut Herr wie Hund sehr weh. Wir können ihm nur noch einen schönen Alterssitz für den Ruhestand suchen, damit der Platz für den Nachfolger frei ist. Wie viele Tränen sind natürlicherweise in dieser Zeit schon geflossen. Wir müssen uns den Gesetzen der Natur beugen.

Besorgungen des alltäglichen Bedarfs

Wenn wir sehgeschädigte Menschen so mobil geworden sind, liegt der Gedanke nahe, dass wir auch unsere täglichen Gänge wieder selbst übernehmen. Ein Briefkasten ebenso wie jedes Geschäft stellt grundsätzlich kein wesentliches Problem dar. Der Einkauf im Supermarkt ist da schon schwieriger. Natürlich können wir auch dort lernen, uns zu orientieren, lernen, wo welche Waren stehen und wie sich unsere Lieblingspackungen anfühlen. Für sehbehinderte Menschen mit einem Restsehvermögen kann das die Lösung bedeuten, nette Miteinkäufer sind ja meist bereit, das Verfallsdatum oder den Preis sowie besondere Inhaltshinweise oder Gebrauchsanweisungen zu entziffern. Hier liegt das Problem wohl eher darin, ob die sehschwachen Personen ihr Defizit so deutlich zeigen möchten.

Da ich als vollblinde Frau nicht mit eigenen Mitteln in der Lage bin, meinen geliebten Himbeerjoghurt von dem mit einem Bananengeschmack zu unterscheiden, übergebe ich beim Betreten des Geschäfts stets einer Verkäuferin meinen zuvor abgefassten Einkaufszettel und bummle mit ihr durch den Laden, bisher stets mit Erfolg. Bin ich als Stammkundin dem Personal erst ein Begriff, dann erfahre ich auch von den neuesten Sonderangeboten, dem Verfallsdatum und von den ersten Erdbeeren, dem letzten Weihnachtsgebäck. In großen Geschäften kann ich durch die Vielzahl der Mitarbeiter leider weniger die Vielfalt des Angebotes nutzen. An der Kasse hänge ich mich stets an den Letzten und weiche nicht von seiner Seite, bis auch ich endlich zahlen muss. Nur selten werde ich überrollt, nette Miteinkäufer verteidigen mich. Ihnen mein Dankeschön!

In großen Kaufhäusern werde ich je nach Betriebsklima als Störenfried oder aber ungeheuer geschickt behandelt; so kann sich folgende Szene abspielen: Die mich begleitende Verkäuferin zu einer Kollegin: »Du, kannst du die blinde Kundin mit zu deiner Nachbarabteilung begleiten?« Ich werde völlig unkompliziert der Kollegin übergeben, habe nicht den Eindruck, lästig zu fallen, und verspüre auch in keinster Weise bei mir Unmut über eine mögliche Behandlung als ein Paket, das weitergereicht wird. Der Ton macht eben die Musik.

13
Wie viel sollen sehschwache Menschen mit Sehrest erspähen?

Wenn wir noch über ein Restsehvermögen verfügen, sollten wir es selbstverständlich nutzen. So heißt es immer bei allen Lehrern der »Orientierung und Mobilität«.

Doch wie schwierig ist das für sehschwache Menschen allein schon bei einem objektiven Sehtest unter praktisch stets gleichen Außenbedingungen! Die »Tagesform« ist ausgesprochen variabel und hängt von vielerlei, auch individuell sehr unterschiedlichen Faktoren ab. Umso schwieriger ist es, eine verlässliche Leitlinie für das Sehvermögen unter den wechselhaften Lichtverhältnissen des Alltags zu finden. Mal ist es viel zu dunkel, dann wieder sind wir geblendet, ein drittes Mal entdecken wir in unserem Gesichtsfeld unter idealer Lichtgebung gerade die gesuchte Hausnummer und fühlen uns im Vollbesitz unseres Sehvermögens, da spüren wir schon den dünnen, aber harten Laternenpfahl an unserer Stirn.

Sehschwache Menschen mit Sehrest zwischen allen Stühlen

Der pessimistische »Sehrestler« zieht zu Hause vom Sofa aus traurig den Schluss, er sei blind. Mit vielen blauen Flecken und »Hörnern« an der Stirn behauptet hingegen der ewige Optimist, er sehe doch praktisch alles. Was ist wahr? Beide haben Recht. Dieses Eingeständnis ist ausgesprochen schwierig. Eine sinnvolle Grenzziehung zwischen »Noch-Sehen« und »Nicht-Mehr« ist häufig nur individuell und für eine spezielle Situation zu treffen.

Sie ist für den betroffenen Menschen äußerst schwierig unter körperlichen und seelischen Schmerzen zu finden; nur durch ständiges Erproben kann sie immer wieder neu definiert werden, niemals vom grünen Tisch aus.

Und wie ergeht es erst demjenigen mit einer fortschreitenden Sehverschlechterung? Gestern erlebte Erfahrungen brauchen ja heute nicht mehr zuzutreffen, trotz praktisch gleicher Außenbedingungen. Auf nichts scheint wirklich Verlass zu sein. Wie sollen unsere Mitmenschen uns da nur unserem Sehvermögen gemäß behandeln? Eine schier unmögliche Aufgabe. Kontakte zu anderen gleich betroffenen Mitmenschen können ein Gefühl von Verständnis und Aufgehoben-Sein vermitteln.

Der Gesetzgeber hat diese Schwierigkeiten berücksichtigt: Er unterscheidet »sehbehinderte« oder »sehschwache« Menschen mit einem verwertbaren Sehrest von solchen, die »nach dem Gesetz blind« sind. Letztere können durchaus auch noch über eine verbleibende Sehkraft verfügen, über ein wenn auch sehr geringes Gesichtsfeld; dieses reicht aber unter standardisierten Bedingungen nicht aus, um der Lesegewohnheit eines Erwachsenen nachzukommen. Der Gesetzgeber geht hier davon aus, dass es diesen Menschen eben auch im öffentlichen Raum an flexibler Orientierung fehle und sie so ohne Hilfsmittel die Verantwortung für ihre Sicherheit nicht immer selbst übernehmen können. Eine weitere Abstufung zu den so genannten »Vollblinden« nimmt der Gesetzgeber nicht vor. Es bleibt das menschliche Problem mit der Fragestellung bestehen: Wie viel sehe ich unter welchen Bedingungen, und zu welcher Untergruppe der sehgeschädigten Menschen zähle ich mich, zu welcher Untergruppe rechnen mich meine Mitmenschen?

In meinen bisherigen Ausführungen über die Orientierung bin ich bewusst in erster Linie auf praktisch vollblinde Menschen eingegangen. Sie müssen sich restlos auf andere als optische Hilfen stützen können. Sehbehinderte Personen mit einem verwertbaren Sehrest können sich bei blinden Menschen viel abgucken und sich somit erleichtert entspannen. So können sie auf den hohlen Echoschall einer Eingangstür achten, sich an die Klingelposition zuverlässig und präzise erinnern, ohne alle kleinen, feinen Aufschriften entziffern zu müssen. Dann können innere und optische Valenzen frei bleiben, um die schöne Hausarchitektur zu beachten oder die große Pfütze vor der Eingangstreppe. Sie entlasten sich von der Mühe, das Haus von den Nachbargebäuden nur wegen seiner optischen Merkmale unterscheiden zu müssen. Diese neue Orientierung ist trainierbar. Das Gefühl der eigenen Sicherheit sollte ein Kriterium für den Einsatz eines Blindenlangstockes oder anderer Mobilitätshilfen sein.

Für den Menschen mit einem verwertbaren Sehrest ist ein individuelles Training in Orientierung und Mobilität besonders wichtig: Sieht er bei Dunkelheit besser oder schlechter? Wie steht es mit der Blendempfindlichkeit? Welcher Teil des Gesichtsfeldes bedarf stets einer besonderen Aufmerksamkeit, weil dort die Ausfälle liegen? Das scheinen Fragen und vermeintlich übergroße Hürden zu sein, die aber angegangen werden können. Vor allem für die ängstlich Besorgten, die auf keinen Fall durch den weißen Blindenlangstock schon zu den blinden Menschen gezählt werden wollen, bedeutet ein so genanntes »Mob-Training«, dass dieses nicht gleichbedeutend mit einem »Stock-Training« sein muss! Auch die Krankenkassen, die diesen Unterricht in der Regel finanzieren, tragen eine rechtzeitige kleinere Lehreinheit mit, zum Beispiel von zwanzig Stunden; denn damit ist das Leben für den Sehrestler mit einem geringeren Unfallrisiko verbunden, mit einem besseren allgemeinen Wohlbefinden und damit am Ende auch mit geringeren Krankheitskosten. Und dem sehschwachen Menschen geht es meist nach einem Mobilitätstraining mit der gewonnenen Sicherheit auch besser!

Schwierige Umgangsformen besonders mit sehschwachen Menschen

Manche sehbehinderten Personen verfügen über ein kleines Gesichtsfeld am Rand und halten deswegen den Kopf immer ein wenig schräg (oder wollen sie nur ihr störendes Augenzittern in Schach halten?). Schauen manche Sehschwache ihr Gegenüber gerade an, dann sehen sie ihn nicht. Ihr Gesprächspartner kann über den »Blick an ihm vorbei« beleidigt sein. Ein anderer sehgeschädigter Mensch, zum Beispiel mit Tunnelblick, muss haargenau in die richtige Richtung spähen, sein Gegenüber quasi anstarren, sonst entwischt ihm dieser aus seinem engen »Fernrohr«. Diese Sehkünste wollen gelernt sein, besonders für Kinder und Jugendliche. Viele ältere Menschen tun sich mit diesem Lernprozess ausgesprochen schwer.

Sehschwache Menschen mit einem Sehrest können dahin kommen, recht mobil zu sein. Ihre Mitmenschen tun sich aber mit ihnen schwerer als mit dem blinden Nachbarn, zumal wenn die Sehschwachen einen »weißen Blindenstock« benutzen. Erfahrungen mit dem einen sehschwachen Menschen können auch sehr wache sehende Nachbarn nicht auf den nächsten übertragen. So können sie leicht zu dem Fehlschluss gelangen, dass die Sehrestler doch ziemliche Simulanten seien. Könnte da vielleicht ein anderer als der weiße Langstock (für Blinde), zum Beispiel ein gelber (für Sehschwache mit einem Sehrest), für klarere Verhältnisse im öffentlichen Straßenverkehr sorgen? Ist ein weiteres Erkennungszeichen den Passanten zuzumuten, wenn sie dann doch genau hinsehen müssen, was dieser sehschwache Mensch wohl noch sieht? Auch mein eigener Vater übersah mit seinem Tunnelblick das zerbrechliche neue Weihnachtsspielzeug am Boden, erwischte uns Kinder aber regelmäßig beim Süßigkeitsdiebstahl vom Weihnachtsbaum – so eine Gemeinheit!

Was erschwert es dem Sehrestler, besonders mit einer fortschreitenden Augenerkrankung, seinem Gegenüber die Karten über das augenblickliche Sehvermögen offen auf den Tisch zu legen? Ist er sich denn stets seines eigenen Standpunktes sicher? Oder müsste er sich dann, wenn er sehende Hilfe einfordern sollte, auch eingestehen, dass er nur noch wenig zu der geliebten »sehenden Seite« gehört und dafür viel mehr zur »blinden«. Dorthin, ans Ende dieser »Einbahnstraße« möchte er doch nicht! Dort *scheint man* nicht mehr lesen, sich nicht allein fortbewegen zu können, »praktisch keine Hobbies mehr auszuüben«, keinen Beruf mehr, alles wird mühsam und schwer. *Man* fühlt sich bar jeder eigenen Würde, der Anerkennung auch von einem Helfer. Nein! Auf diesem Stuhl will er noch nicht sitzen, es gilt, mit allen Kräften dagegen anzukämpfen. Zum Glück sieht er ja noch etwas, wenn auch nur sehr wenig.

Und warum werden sehschwache Menschen häufig so wütend, wenn Passanten oder Freunde zu einer besseren Brille raten? Ihnen ist doch nur das schlechte Sehen aufgefallen, und sie meinten, mit der schärferen Brille den Stein der Weisen gefunden zu haben. Warum dann der Zorn? Sind sie einem als nicht gefragte, stets Grenzen überschreitende Helfer mal wieder zu nahe getreten? (Bei anderen Themen können wir sie auch wie ein lästiges Staubkorn von unserer Seele wischen.) Oder sprechen sie vielleicht die geheimen, aber leider enttäuschten Hoffnungen auf bessere technische Hilfen an? Die Unerfüllbarkeit dieses sehnlichsten Wunsches schmerzt uns selbst so sehr, dass niemand ein Wort darüber verlieren darf, ohne uns massiv zu verletzen.

Welche für unsere Sehbehindertensituation geeigneten Verhaltensweisen können wir von Mitarbeitern erwarten, die besonders für behinderte Menschen tätig sind? Und wie groß dürfen unsere Erwartungen an eine angemessene Umgangsform sein? Meine Erfahrung besagt: fast gegen null! Weder in öffentlichen Amtsstuben, noch in Augenfachkliniken, noch bei fachlich geschultem Pflegepersonal oder frei tätigen Augenärzten erlebe ich bis auf ausgesprochen wenige Ausnahmen eine adäquate Behandlung (Ausnahmen: Bahnpersonal seit einer offenbar besseren Schulung in den letzten Jahren). Vielleicht sollte der »allgegenwärtige« Gesetzgeber auch das alltägliche mitmenschliche Miteinander regeln (!), so wie er DIN-Normen für Rollstuhlrampen, Anfang und Ende eines Treppengeländers und Kontraste an öffentlichen Stufen oder Gedrucktem und vieles andere mehr für behinderte Menschen schaffen musste. Weder Weisungsbefugte noch deren Mitarbeiter in diesen Bereichen scheinen Angehörige zu haben, die sie zu einem fürsorglichen Denken auch für weniger omnipotente Mitmenschen anregen.

Aber so wie sich der Dorfbewohner auch an den Großstadtverkehr gewöhnen kann, so vermögen sich auch blinde oder sehbehinderte Menschen mit einem Sehrest ausreichend in der Welt zu orientieren und vermögen (auch mit Wut im Bauch) sich immer wieder zu behaupten. Wie schön wäre es nur mit ein wenig mehr Rücksichtnahme auf beiden Seiten!

Der »lesende Blinde«

Was mag sich nur ein gutmütiger, hilfsbereiter Mitmensch denken, wenn er einen Sehrestler freundlich auf die richtige Straßenbahnnummer hingewiesen hat, wenn er dem Behinderten mit dem weißen Stock in der Hand diskret den Tipp gab, wo sich jetzt die nächste Bustür befindet und diese für ihn mit zielsicherem Knopfdruck geöffnet hat, wenn er ihm dann noch den letzten freien Sitzplatz zur Verfügung gestellt hat und wenn der »Blinde« dann ein Buch (in relativer Großschrift) herausholt, es gelassen aufschlägt und zu lesen beginnt? Wer außer sehbehinderten Menschen kann das verstehen?

Meiner Erfahrung nach wird sich dieser hilfsbereite Mitmensch über diesen Sehschwachen ärgern und ihn ablehnen – es sei denn, er ist ein Angehöriger oder enger Freund von Sehbehinderten oder gar Retinitis-Pigmentosa-Betroffenen. Sitzt eine sehbehinderte Person in der Zwickmühle zwischen einerseits dem Gebrauch des Blindenlangstocks für die sichere Orientierung und andererseits noch verwertbarem Sehrest zum Lesen, dann sollte sie sich in Bahn oder Straßenbahn entscheiden: Möchte sie lesen, dann muss sie die Mühsal auf sich nehmen, die gesamte Umwelt, alle Menschen in der Straßenbahn über die eigene Situation aufzuklären (sonst erhalten wir kaum noch Hilfestellungen) – oder verhält sie sich eher erwartungsgemäß wie blinde Menschen und holt Kassetten hervor? Das heißt, fühlen die Betroffenen sich eher als sehende Menschen, die eben nur ab und zu mal schlecht sehen – oder aber erachten sie sich als blind und sehen hin und wieder noch etwas?

Oder lautet die Frage besser:

Wollen sie öffentlich schockieren (wie wir es als Jugendliche vielleicht mit Revoluzzerideen und entsprechendem Äußerem taten) – oder aber verhalten sie sich eher gesellschaftskonform und lassen kostbare Zeit zum Lesen verstreichen?

Es ist schon eine schwierige Zwickmühle für den Sehrestler: auf der einen Seite der zuverlässige-unzuverlässige Sehrest und dort die dummen Vorurteile unwissender Mitmenschen, deren kleine Hilfen dann wieder so nötig sein können! Alle Außenstehenden wissen es besser, aber im Moment des mühseligen Spähens oder bei der peinlichen Panne stehen wir ganz allein da.

14
»Unterwegs«

Wie erreichen es sehgeschädigte Menschen, selbstständig Bus zu fahren, per Bahn zu reisen, mit dem Flugzeug zu fliegen, sich am Zielort in einem Hotel oder einer Ferienwohnung zurechtzufinden? Erst solches Vermögen erlaubt es, möglichst entspannt zu reisen und einen erholsamen Urlaub zu verbringen, ohne bei jeder Unternehmung auf ständige Begleiter angewiesen zu sein und ohne voll Herzklopfen auf ihre zuverlässige Hilfe warten zu müssen.

Denn selbstverständlich sucht der Begleiter ja ebenfalls Entspannung von Verantwortung im Beruf oder für die Familie; und dabei ist nicht zu vergessen, dass ihm durch die Verantwortung für uns ja Entspannung geraubt wird – so gerne er auch für uns da sein möchte. Die Person, mit der wir unterwegs sind, hat auch ein Recht auf Eigenständigkeit und braucht nicht ständig Führhund- oder Dienerfunktionen für uns zu übernehmen.

Wichtig ist es mir persönlich, die Anspannung zu minimieren, die häufig mit Unternehmungen verbunden ist, und trotzdem den höchsten Grad an freier Entscheidungsfähigkeit für mich zu bewahren, eingedenk meiner augenblicklichen seelischen und körperlichen Verfassung und damit auch meiner Sehkraft. Nur dann bin ich in der Lage, entspannt auch Neues zu genießen, möglicherweise sogar mit entspannten Mitmenschen. Und wer möchte das nicht?

Zeiteinteilung

Zu unseren individuellen Gegebenheiten rechne ich die nicht zu verdrängende Tatsache, dass wir als sehgeschädigte Menschen für vieles mehr Zeit benötigen. Dies müssen wir unserer Umgebung deutlich machen, zum Beispiel Freunden oder der Taxizentrale bei einer Fahrt zum Bahnhof oder zum Flugplatz. Sollten sich die Helfer trotzdem verspäten, aus welchen Gründen auch immer, dann bitte ich zum Beispiel, auch unter dem Hinweis auf ihre Verspätung, um ihre Unterstützung, bis ich sicher bin, wirklich mein Ziel rechtzeitig zu erreichen. In der Regel ist dies kein Problem, ein echt gemeintes Dankeschön drückt dann neben einem Trinkgeld aus meinem Blindengeld-Fond für den Taxifahrer Anerkennung aus (denn oft ist die Verspätung ja nicht seine Schuld, sondern die seiner Zentrale oder des Verkehrsstaus).

Und noch eine Bemerkung zum Taxifahren: Großen Respekt habe ich vor den spitzen Kanten einer Autotür. Deswegen nähere ich mich dieser immer eher von hinten, beim leicht gebückten Einsteigen schütze ich mein gefährdetes Gesicht mit einer Hand an dieser spitzen Ecke. Taxifahrer bringen mich in der Regel unkompliziert bis zur unbekannten Haustür. Meine Stammfahrer in Marburg wissen, dass sie in mir bekannter Umgebung auch problemlos im Auto sitzenbleiben können.

Öffentlicher Nahverkehr

Stehe ich mit meinem weißen Langstock an der Bordsteinkante in Höhe des Haltestellenschildes, dann hält der Bus in der Regel mit seiner Tür direkt vor mir, ich höre das gut. Aufmerksame Busfahrer verraten mir auch lautstark, welche Linie sie fahren. Schwieriger ist es bei langen Bushaltestellen mit vielen Buslinien, zumal wenn sie wegen Verspätung alle mehr oder weniger gleichzeitig abfahren; denn dann geschieht es häufig, dass die Busse nicht wie vorgesehen Platz haben, sie »drängeln« sich, halten vielleicht in zweiter Reihe oder hintereinander. Hier habe ich mit Stock allein keine Chance, sondern bin auf das Wohlwollen von Helfern angewiesen. Weisheit ist die Mutter der Porzellankiste: Ich versuche mir in der Nähe solcher ungeliebten Bushaltestellen den Standort öffentlicher Telefonzellen zu merken, um im Notfall leicht ein Taxi rufen zu können – meine persönliche Not war bisher noch nie so groß, dass sie mich zu dem Erwerb eines Handys getrieben hätte.

Das Busfahren im innerstädtischen Bereich ist für mich durch den zunehmenden lauten Ansagedienst für die Haltestellen einerseits einfacher geworden, jedoch schwieriger durch häufig mangelnde Verständigungsmöglichkeit mit dem steigenden Anteil ausländischer, nicht oder nur schlecht Deutsch sprechender Fahrgäste. Diese kennen oft sehr wohl das Gefühl der Hilflosigkeit, vermögen mir als blinder Mitfahrerin aber aus Unkenntnis nicht zu helfen, oder sie glauben verstanden zu haben und schicken mich völlig falsch, stolz, endlich einmal nicht die Hilflosesten sein zu müssen. Da sie mir verbal sehr schlecht Erklärungen liefern können, entsteht leicht bei mir der Eindruck, als zögen oder schubsten sie mich in die vermeintlich richtige Richtung. Und plötzlich überrascht mich dann wieder ein nur sehr gebrochen Deutsch sprechender Fahrgast mit seiner angemessenen, präzisen Hilfestellung. Vorurteile ade!

Bei Überlandbussen kündigt mir der Busfahrer problemlos meine Station an und gibt mir meist auch ausreichend Zeit, sicher ohne Fahrgeschaukel zur Tür zu gelangen.

Die quietschenden Bremsen der U-Bahnen lassen meine Ohren auf Durchzug schalten. Doch dann muss ich schnellstens wieder auf höchste akustische Empfindlichkeit umschalten, um die Türen orten zu können. Manche Ansagedienste im Inneren der Bahnen kündigen nicht nur die Haltestellen an, sondern sogar auch, ob sich der Ausstieg rechts oder links in Fahrtrichtung befindet. Dankeschön!

Zugfahren

Planbare Bahnfahrten bedeuten wenig Stress. Das Abfahrtsgleis erfrage ich bei der Reiseauskunft der Bahn (neu! 0 18 05 99 66 33) mit dem Hinweis, dass ich ihre Anzeigetafeln nicht lesen kann. Den Bahnsteig finde ich in Marburg dank meines Mobilitätsunterrichts, in fremden Städten begleiten mich Freunde, benachrichtigte Personen des Servicepoints oder der Bahnhofsmissionen, Taxifahrer. Letztere müssen in der Regel vorher über meinen besonderen Wunsch informiert werden. Die Telefonnummern von Bahnhofsmissionen und Servicepoints gibt es auch in einem Informationsheft für Schwerbehinderte durch die Bahn oder sind über den örtlichen Bahnservice auch telefonisch zu erfragen. Mein erster Versuch für Taxis / Mietwagen in fremden Städten heißt: Ortsnetzkennzahl, dann 5 x 4. Nur selten liege ich falsch. Ein zentraler Mobilitätsservice der Bahn organisiert Helfer für fast jeden Bahnhof. Die Angabe der Reisezeiten sollten zwei bis drei Tage vorher unter der Rufnummer 0 18 05 51 25 12 erfolgen. Nur selten wurde ich bisher vergessen. Doch dann halfen mir stets Mitreisende weiter, sodass ich noch nie einen Zug verpasste.

Meinen organisierten Helfern muss ich in mittelgroßen bis kleineren Bahnhöfen Zeit zur Organisation geben, besonders zu Extremzeiten wie morgens früh, spätabends, am Wochenende. Obwohl die Stellen dann häufig nur im Ein-Personen-Betrieb arbeiten, sind sie trotzdem außerordentlich bemüht, mir das Reisen zu ermöglichen. Mein Stock ist das Erkennungszeichen. Ebenso hilfreich ist es, »Treffzonen« schon per Telefon zu vereinbaren, zum Beispiel eher vorne am Zug oder hinten. Mich überraschen häufig das Engagement und das Einfühlungsvermögen sowohl der ehrenamtlichen Helfer der Bahnhofsmissionen wie auch der professionellen am Servicepoint.

Zugtüren zum Einsteigen finde ich allein, indem ich einerseits die Waggonbremsen quietschen höre (dort sind je nach Zugtyp fast immer Türen) oder dem Trippel-Trappel der Mitreisenden folge, ihrem Kofferrollen oder aber bei größerer Anspannung meine Mitwartenden auch um Begleitung bitte. An eine Ablehnung kann ich mich nicht erinnern; bisher bin ich stets im Zug gelandet.

Im Zug selbst habe ich mich schnell auf die Sitzanordnung der neuen Wagentypen eingestellt. Die neuen Interregio-Waggons verwirrten mich nur so lange, bis ich eine »Entdeckungsreise« in den Abteilen und den »Großraumzonen« zu leeren Zeiten unternahm – nun weiß ich alles.

Wichtig ist mir immer, dass ich mein Gepäck selbst verstaue, um es beim Aussteigen auch allein wiederzufinden, besonders so wertvolle Objekte wie meinen Laptop. Und noch ein schlauer Tipp zum möglichst stressfreien Reisen per Zug: Denken Sie planend schon beim Einsteigen daran, dass Sie wieder aussteigen wollen. Bei vielen, für mich neueren Zügen gibt es statt der mir seit Kindertagen her altbekannten Mechanismen heute Drucktasten. Hätte ich diese rechtzeitig erforscht, hätte ich einst im IC nicht laut um Hilfe rufen müssen!

Für den Zielbahnhof ist es mir wichtig zu wissen, an der wievielten Station des ansagelosen Bummelzuges ich aussteigen muss und auf welcher Seite bezüglich der Fahrtrichtung. Darüber informiere ich mich schon vor Reiseantritt entweder über den örtlichen Bahnservice oder über den des Ziel- bzw. Umsteigebahnhofes. Nur in Frankfurt/Main HBF wurde ich schon mehrmals abgewiesen. Seit dieser Abfuhr hilft mir dort die Bahnhofsmission freundlicherweise weiter.

Auch das Bahnpersonal im Zug erteilt präzise Auskunft; sie organisieren unter anderem in Eilfällen auch Umsteigehelfer und geben Tipps, zum Beispiel in welcher Richtung ich beim Aussteigen die Treppe zum Ausgang allein finde. Ausnahmen bilden überfüllte Regionalexpresse oder -bahnen am Wochenende in der 2. Klasse (bitte nicht weitersagen: ich persönlich versuche dann, mich in die 1. Klasse zu setzen und bin bei überfüllten Zügen noch nie des Platzes verwiesen worden). Auch Taxifahrer holen vom Bahnsteig ab; gegenüber der angewählten Zentrale biete ich an, aus meinem Blindengeldfond mögliche Wartezeiten selbst zu tragen. In Frankfurt/Main bedeutet für Taxifahrer zum Beispiel »Bahnsteigservice« Pauschal DM 5,– Aufpreis (Treffpunkt ist der Prellbock).

Spontane Zugfahrten oder solche, die sich durch extreme Verspätungen zu derartigen entwickeln, bedeuten mir immer Aufregung und Stress. Dabei muss ich vielen meiner Mitreisenden ein großes Dankeschön für ihre Hilfe aussprechen: sie haben es ermöglicht, dass ich bisher noch nie ein Flugzeug oder einen Anschlusszug versäumt habe. Meine Erwartungen an diese vielen Mitmenschen darf aber deren Verpflichtungen nicht vergessen; ich muss sie in ihrer »Zwickmühle« entlasten, einerseits unter eigenem Zeitdruck zu stehen, andererseits mir helfen zu wollen. Ich muss bereit sein, mir von dem ersten Helfer einen »Anschlusshelfer« ausgucken zu lassen. Nur so kann es allen Beteiligten gut gehen. Wir alle als sehgeschädigte oder »notleidende« Menschen können dann weiterhin von der Hilfsbereitschaft unserer Mitmenschen profitieren.

Mit zunehmender Erfahrung und damit eigener Sicherheit über mein Können und meine Grenzen erlebe ich, dass ich die lästigen mich überschüttenden Helfer, der Situation entsprechend, durch sicheres Auftreten auf eine angenehme Distanz zu halten vermag.

Flugreisen

Dank des fürsorglichen Angebotes der Sozialstationen des Flughafens oder der Fluggesellschaften sind Flugreisen auch allein sehr einfach. So genieße ich es, dass diese Helfer mich von der Ankunft am S-Bahnsteig oder Taxi und auch während der gesamten Warte- und Flugzeit bis zum nächsten Transportmittel begleiten, Verpflegung zu Wartezeiten und Schutz vor »Räubern« eingeschlossen – im Fachjargon »Abholung und Begleitung« genannt. Die Anmeldung erfolgt schon bei der Buchung.

Mein persönlich größtes Vergnügen war es einmal, in FFM hupend wie eine »Brummikönigin« auf einem Elektrowägelchen zu fahren, für andere vielleicht eher etwas Deprimierendes. Die Benutzung eines Rollstuhles lehne ich dagegen kategorisch ab.

Fliege ich dagegen in Begleitung meines sehenden Mannes, dann erlebe ich es als extrem wichtig, das Flugpersonal auf meine mangelnde Sehkraft hinzuweisen, wenn mein Mann nicht »Übersetzungsfunktionen« für mich übernehmen soll. Denn nachdem wir spät erblindete Menschen den weißen Stock verstaut haben, erlebt unsere Umwelt uns ja als im Ausdruck kaum von gut sehenden Personen verschieden. So kann ich durch meinen klaren Hinweis beim Betreten des Flugzeuges peinliche Missverständnisse für beide Seiten vermeiden. Dies erachte ich als meine Aufklärungspflicht, sie wird auch dankbar angenommen.

In fremden Gefilden

Das Kofferpacken stand auf meinen ersten Reisen noch wie ein Berg vor mir: Würde ich viel vergessen oder verlieren? Nein! Gleich mit dem Aufstehen beginne ich schon: Mit dem gerade verstummten Wecker in der Hand wandle ich noch schlaftrunken zu meinem Koffer. Alles, was mir am Morgen bei der Toilette gedient hat, wandert in den Kulturbeutel, weniger Gebräuchliches dann dazu. Mit der Wäsche geschieht es ähnlich. In Träumen versunken an das schöne Skifahren, kommen dann die notwendigen »Spezialteile« dazu. Bei der Reiselektüre muss ich außer an Kassetten und Rekorder auch an zusätzliche Akkus und die Ladegeräte denken. Alles, auch der Ersatzstock wird mit der Zeit zur Routine.

Im Hotel oder einer Ferienwohnung überlege ich mir bei der Ankunft, während der ersten Erkundungstour durchs neue Reich, welche »Zonen« ich belege und welche mir unsympathisch sind. Zu Anfang musste ich es erst lernen, derartige Fragen zu stellen. Traue ich mich dies aber, dann werde ich durch einfacheres Zugreifen belohnt, blaue Flecken am Schienbein von einem niedrigen Tischlein erinnern mich daran, dass mein Kassettenstapel eben nicht gut auf dem Regal hinter der Sitzgruppe mit eben diesem niedrigen Tischlein aufgehoben ist.

Im unbekannten Schrank lautet mein Motto: oberste Oberbekleidung ganz oben im Fachteil, unterste Unterbekleidung ziemlich unten. Ganz unten, neben der Reisetasche (vielleicht noch mit Kleinkram gefüllt) findet die schmutzige Wäsche sofort nach dem Auskleiden ihren Platz. So weiß ich, an welchen Orten ich meine Sachen zu suchen habe.

Nächtige ich nur eine Nacht in einem Hotel, dann hole ich nur das hervor, was ich auch jetzt benötige. Nach dem letzten Gebrauch – sei es schon am ersten Abend oder erst am nächsten Morgen – wandern die gebrauchten Gegenstände sofort wieder in den Koffer, so zum Beispiel der Wecker, gleich nachdem er mich geweckt hat. Dann kann er nicht, von meinem Glasauge übersehen, auf dem Nachttisch den nächsten Hotelgast wecken.

Bei nur einer Übernachtung darf die schmutzige Wäsche am Abend immer am Boden vor der Reisetasche entlüften und wandert am nächsten Morgen in eine extra dafür vorgesehene Papiertüte. So ergreife ich am übernächsten Morgen nicht aus Versehen die schmutzige Unterhose statt der sauberen. Gebrauchte, aber noch tragbare Wäscheteile lüften dagegen auf der Reisetasche über Nacht aus, dann wandern sie am nächsten Morgen automatisch in sie hinein und beglücken nicht das Zimmermädchen. Zu Anfang waren diese meine Regeln mir ungewohnt, dann haben sie sich für mich bewährt. Mein Mann fühlt sich nie für meine Sachen verantwortlich und räumt nie hinter mir her. Ich selbst vergesse aber auch nicht mehr Kleinigkeiten als zu sehenden Zeiten auch. Und ich bin schon eine alte Reisetante, die auch viel allein unterwegs ist.

Heute traue ich mich sogar allein in ein mir unbekanntes Hotel. Bei der Reservierung sorge ich schon für meine Orientierungshilfen: Bleibe ich mehrere Tage, dann bitte ich um eine kleine »Einweisung«, sonst lasse ich mich begleiten. Großen

Respekt habe ich vor der Kollision meines Stockes mit fremden Zimmertüren, denn ich wollte ja auch nicht aus meinem heiligen Schlaf durch lautes Klopfen geweckt werden. Äußerst langweilig bis deprimierend empfinde ich eine Mahlzeit allein unter lauter plaudernden Gästen. Aber das war schon sehend kein Vergnügen für mich.

Noch heute gilt die alte Regel: »Wenn einer eine Reise tut, dann kann er was erleben.« Dies können viele sehgeschädigte Menschen bestätigen. Sie erleben viele freundliche Überraschungen neben einigen Widrigkeiten, trotz aller Planungen vom ruhigen Sessel aus. Auch mich belohnt eine insgesamt gelungene Unternehmung und lässt kleine »Stolpersteine« bald in den Hintergrund treten.

15
Freizeitgestaltung

Wie erreichen es sehgeschädigte Menschen nur, ihre Freizeit ausgeglichen zu gestalten? Denn entdecken wir als Blinde plötzlich, dass eine Handlung oder eine Beschäftigung, die früher ganz selbstverständlich in unser Leben gehörte, mit dem jetzigen Sehvermögen in ihrer bisherigen Ausübung unmöglich geworden ist, dann erleben wir uns wirklich als schwerstbehindert, und unser Herz blutet. Wie erfüllt kann das Leben dagegen auch mit einer Sehbehinderung sein, wenn wir über ein begeisterndes Hobby, eine ausgefüllte Freizeit verfügen! Dann erscheint auch der Alltag mit seinen Pflichten weniger grau.

Viele der alten geliebten Gewohnheiten erscheinen dem einen zuerst unmöglich – und es geht doch! Andere Tätigkeiten sehen so einfach aus – und welche Hindernisse harren unser! Schaffen wir es, sie zu umschiffen?

Sehgeschädigtengerechte Freizeiten

Ich möchte hier keine Liste erstellen, an welchem Ort, unter welchen Bedingungen welcher Trainer oder Anleiter uns mit unserer Sehschädigung zu einem Hobby verhelfen kann. Meiner Meinung nach ist dafür der »Deutsche Blinden- und Sehbehindertenverein« mit seinen Tipps, der Vermittlung von Adressen, Kursen und vielem anderen unschlagbar. Auch die lokalen Sehbehindertenverbände bieten immer wieder Freizeiten an. Hier besteht die Möglichkeit, alte, liebe Gewohnheiten im Schutz vieler sehgeschädigter Mitmenschen – alle sind gleich – neu zu aktivieren und auszuprobieren. Aber das Jahr besteht nicht nur aus den wenigen Tagen einer organisierten Freizeit. Es bedarf für ein ausgeglichenes Leben vieler unterschiedlicher Beschäftigungen, von denen einige auch saisonal gebunden sein können.

Die behindertengerecht organisierten Freizeiten bieten einen Rahmen zum Ausprobieren, geben Anregungen mit dem Ziel, sie zu Hause je nach den eigenen Möglichkeiten fortzusetzen. Dabei zeugen viele Mitglieder der Blindenverbände davon, dass praktisch alle Aktivitäten oder Sportarten möglich sind: vom Autofahren auf dem Nürburgring (in einem Fahrschulauto mit Lehrer) bis zum Fallschirmspringen (als Tandem). Diese Beispiele zeigen zwei wesentliche Gesichtspunkte auf. Einmal: nichts ist unmöglich; zum anderen: wir müssen uns unsere individuellen Gegebenheiten suchen, unter denen wir uns wohl fühlen (zum Beispiel im Tandem-Gleitschirm, vielleicht mit einem zweiten Fingerhut beim Sticken, einem tastbaren oder plappernden Küchenwecker beim Kuchenbacken, taktilen Gesellschaftsspielen und Ähnlichem). Beim Aufspüren dieser Dinge ist unsere eigene Fantasie gefragt, aber auch die mannigfaltigen Erfahrungen unserer sehgeschädigten Mitmenschen.

Derartige Freizeiten erfüllen für sehgeschädigte Kinder und Jugendliche, die ihren Lebensalltag mit normal-sehenden verbringen, noch einen besonderen Sinn: Hier können sie in der Gruppe der Gleichbetroffenen sich so geben, wie sie sind, nämlich als neugierige junge Menschen, die zur Befriedigung der Neugier manchmal etwas mehr Zeit benötigen; beim Betasten dürfen sie dabei auch (fast) die gesellschaftskonforme Distanz zum Mitmenschen durchbrechen. Alle sitzen hier im selben Boot. Endlich kann einmal über die ewig unverständigen Sehenden gelästert werden, man entdeckt untereinander dieselben erlittenen Keulenhiebe beim anderen wie bei sich. Ein Dritter hat vielleicht einen Lösungsansatz dafür parat. Gleichzeitig wird der blindenspezifische Umgang miteinander zur Selbstverständlichkeit. Ohne derartige Freizeiten bitte keine integrierte Beschulung!

Schwierige Abwägungen

Leitgedanke bei der alltäglichen Ausführung eines Hobbies zu Hause sind für mich stets folgende Fragestellungen, die sich ein sehgeschädigter Erwachsener stellen kann:

- Was bringt mir hier und heute Spaß? Wozu habe ich Lust?
- Was habe ich in der Art von Betätigung ursprünglich gesucht?
- Was habe ich davon wirklich gefunden?
- Was kann ich davon heute mit hinüberretten in eine erneute Sehverschlechterung oder im Falle von weiteren Einschränkungen?
- Wovon muss ich mich wirklich (oder nur unter bestimmten Umständen) verabschieden?

Um diese etwas theoretischen Fragestellungen näher zu erläutern, hier ein Beispiel: Ein Patient mit einer klassischen Form einer Retinitis-Pigmentosa (= allmählich sich einstellende Tunnelsicht) braucht zum Beispiel in der Jugend keine nennenswerten Defizite beim Tennis zu haben; und wenn, dann hatten seine Mitstreiter ja auch ihre Schwächen auf ihre Art, das konnte sich ausgleichen. So konnte es durchaus zum »Vereins-Crack« gereicht haben. Die fortschreitende Sehverschlechterung bringt es mit sich, dass ihn dann aber seine früher stets bezwungenen Gegner haushoch schlagen, dann sogar blutige Anfänger. Da hört der Spaß sicherlich auf. Aber beim allgemeinen Vereinstraining kann er sehr wohl noch mitmachen und sich fit halten, beim Joggen zum Beispiel durch die Verbindung mittels eines kurzen Seils zu einem Mitläufer. Vielleicht reicht das Sehvermögen ja auch noch für Trainerstunden? Aber sicherlich kommt auch hier einmal der schmerzliche Abschied, der aber nicht der aus dem Vereinsleben sein muss.

Wie viele »alte Herren« genießen die Umgebung, das Flair, die hitzigen Diskussionen von der Zuschauertribüne aus, vom vereinseigenen Lokal und schaffen es, über den Dingen zu stehen. Warum sollen wir heute nicht auch über die ewigen Ehrgeizlinge leise lächeln (wir waren ja auch nicht anders)? Ein weises Schmunzeln über die Kampfhähne kann uns den echten warmen herzlichen Umgangston der »Alten« genießen lassen und vermag den eigenen Abschiedsschmerz vom aktiven Leben zu vermindern.

Wichtig erscheint mir immer wieder der Vergleich: Was suche ich, was kann ich realistisch an Befriedigung erhalten? Hier einen individuellen Abgleich zu finden, ist nicht immer leicht. Die ständige Bilanzierung kann anfangs viel Kraft kosten, wird aber durch eine erheblich größere Befriedigung in praktisch allen Lebensbereichen belohnt. Sie fällt mit der Zeit auch nicht mehr so schwer.

Wissen um Stärken und Schwächen

Das Sich-Einlassen auf immer wieder neue Situationen je nach dem Stadium der Sehbehinderung oder der Lichtverhältnisse kann als ausgesprochen mühsam erlebt werden; dies ist jedoch ein Kennzeichen aller fortschreitenden Erkrankungen und endet erst mit einer fast vollständigen Erblindung. Jeder erneute Abschied einer geliebten Freude tut weh, bringt Resignation, Wut, Trauer mit sich. Alle daran Beteiligten müssen wissen: Das ist natürlich und darf auch seinen Platz einnehmen. Dann aber sollte jeden auch wieder ein wenig die Neugier packen. In vielen Fällen sind wir sehgeschädigte Menschen ja zum Glück im Vollbesitz unserer geistigen und seelischen Kräfte; wir brauchen diese auch dringend.

Das bewusste Wissen um ein erlaubtes Tief, aber auch um unsere Stärken birgt die Chance, dass wir lernen können, uns auf eine andere Gewichtung unserer Werte im Leben einzulassen. Dies bedeutet eine Besinnung auf das Wesentliche im Leben, das Wissen um unsere Vergänglichkeit, von vielem in der Welt, kompensiert durch den Genuss auch scheinbar kleiner Dinge wie einen warmen Händedruck, zwei liebe Worte, warme

Sonnenstrahlen im Gesicht, das Berühren der weichen Blütenblätter mit unseren Fingerspitzen im Gegensatz zu den härteren grünen und ihre Veränderung bis zum Verwelken. Jeder wird hier seine eigenen Erfahrungen machen.

Selbstbestimmtes Leben

Wir sehgeschädigten Menschen sollten uns in der Freizeit im Gegensatz zum fremdbestimmten Berufsleben ganz bewusst die Freiheit herausnehmen, auf unser Wohlbefinden zu achten und uns danach zu richten, zum Beispiel als noch selbstständige Radler unsere mögliche körperliche Erschöpfung, Müdigkeit, besondere Beleuchtungsverhältnisse oder die augenblickliche Befindlichkeit berücksichtigen. Für den einen oder die andere mögen das »Luxusfragestellungen« sein, die zumindest heute im Berufsalltag scheinbar keinen Platz haben. Lernen wir jedoch erst einmal, uns diese Fragen häufiger zu stellen, ohne zu erschrecken oder uns ihrer zu schämen, dann werden wir erleben, dass auch vieles im stressgeplagten Berufsleben sich verändern kann. Wir vermögen zu spüren, dass in unserem aktiven Körper ein kreativ zupackender Geist und eine lebendige, warme Seele wohnen.

Im Laufe eines angenommenen Veränderungsprozesses erlebe ich bei meinen betroffenen Mitmenschen immer wieder, wie sich ihr Verhältnis zu einer ganzen Reihe von Angehörigen, Freunden, kurzen Bekanntschaften zum Beispiel auch nur auf der Straße, und zu vielen ihrer Helfer verändert, tiefer, wärmer, echter wird. Diese Erfahrung der neu erlebten mitmenschlichen Beziehung und die größere Hilfsbedürftigkeit bringen es mit sich, dass wir unseren Nächsten noch näher als früher erleben. Das kann auch zu Spannungen führen, die sich zu echten Konflikten entwickeln können. Dafür sind wir aber auch alle Menschen, die dank ihrer Lernfähigkeit, einer Gesprächsbereitschaft und einer Ausdrucksmöglichkeit der Gefühle in der Lage sein sollten, die Situation so zu entschärfen, dass es beiden Seiten wieder gut gehen kann. Auch das will gelernt sein! Durch eine allgemein entspanntere Atmosphäre können wir hier in der Freizeit Erfahrungen sammeln, die wir auch in das angespannte Berufsleben mit hinübernehmen können. Doch alles in Maßen.

Unsere angeblich waghalsigen Unternehmungen machen den sehenden Zuschauern manchmal Angst. Sie halten es für ihre Pflicht, uns davon abzuhalten, mich zum Beispiel von manchen Sportarten. Für Kinder haben Erwachsene sehr wohl eine Verantwortung und eine Aufsichtspflicht. Aber wer nicht wagt, der nicht gewinnt! Sehende Kinder und Jugendliche erreichen es leichter, ihr eigenes Gleichgewicht zwischen Vorsicht und geheimer Waghalsigkeit gemäß der körperlichen Geschicklichkeit zu finden als gleichaltrige Sehgeschädigte. Aber auch sie haben ein Anrecht darauf, ihre Grenzen zu erproben. Nur dann erfahren sie, was Gefahr wirklich bedeutet. Erwachsene spät erblindete Menschen tragen dagegen ihr individuelles Schema von Gefahr schon in sich. Ihre Mitmenschen sollten es respektieren. Ein gemeinsamer Austausch über die Lust auf etwas und die Angst davor kann dazu beitragen, sich gegenseitig besser zu verstehen. Uns sehbehinderten Menschen kann es ein unerwartet hohes Maß an Selbstbewusstsein und Selbstbestätigung vermitteln, wenn wir erleben, dass wir wieder handlungsfähig sind.

Wenn wir bereit sind, auch Experimente zu wagen, ohne angesichts eines drohenden Misserfolges gleich die Flinte ins Korn zu werfen, sondern stattdessen bereit sind, einen nächsten Versuch zu starten, der zumindest anders gelingen wird, wenn wir zu Beginn der neuen Versuche beispielsweise ein wenig mehr Zeit investieren (noch ist kein Meister vom Himmel gefallen), dann ist fast jedes Hobby möglich. Dabei muss es aber stets unsere eigene freie Entscheidung bleiben, wie viel Experiment wir zu welchem Zeitpunkt, mit wem und in welcher Häufung realisieren. Dies kann und darf uns keiner abnehmen, wenn wir auf einem selbstbestimmten, ausgeglichenen Lebensentwurf in Harmonie mit uns und unserer Umwelt bestehen.

16
Stolpersteine im Werdegang

Wie wichtig ist doch das Gespräch sehgeschädigter Menschen miteinander und mit denjenigen, die für ihre Förderung, Erziehung und Rehabilitation verantwortlich sind. Hier könnte offen über Nöte oder beglückende Erfahrungen gesprochen werden, wenn für viele von ihnen nicht immer wieder das Gefühl im Vordergrund stünde, über die erlebten Schwächen und Schwierigkeiten nicht sprechen zu dürfen. Wie viele der heute sehbehinderten Erwachsenen haben in ihrer Erziehung früher gelernt, sich nur dann als ein vollwertiges Mitglied der Gesellschaft zu fühlen, wenn sie mehr leisteten als die sehenden Arbeitskollegen! Viele fühlen sich einer gesunden Auseinandersetzung mit ihren sehenden Mitmenschen nicht gewachsen, sondern sofort unterlegen. Das lässt kein gleichwertiges Miteinander zu.

Erlebte oder eingebildete Schwächen?

Viele sehgeschädigte Menschen erleben sich heute im Rückblick in ihrem Reifungsprozess, sei es in ihrer Jugend, sei es während einer Rehabilitationsmaßnahme als spät Erblindete, als ungenügend begleitet.

Folgende Gründe können für das Gefühl verantwortlich gemacht werden, mit Defiziten zusätzlich zur Blindheit zu leben:

So genannte nicht-behinderte Menschen haben trotz vielleicht erheblicher Unregelmäßigkeiten während der eigenen Reifungszeit spätestens im Erwachsenenalter die Chance, ihre

Situation durch aktives Aufsuchen einer korrigierenden Institution zu verändern (zum Beispiel Beratungsstellen, psychotherapeutische Einrichtungen oder Ähnliches). Sehgeschädigte Erwachsene haben es dagegen erheblich schwerer, die gerade für sie zutreffende Institution in Erfahrung zu bringen und den Ort aufzusuchen, um dort verständnisvolle Hilfestellungen für eine Korrektur zu finden.

Die sehgeschädigten Jugendlichen sind in noch erheblicherem Maße von einer Benachteiligung im Laufe ihres psychischen, sozialen und geistigen Wachstumsprozesses bedroht als so genannte nicht-behinderte Gleichaltrige oder die Erwachsenen. Sie sind den Anforderungen des Lebens schutzloser ausgeliefert.

Vor allem die Eltern der sehgeschädigten Jugendlichen, aber auch ihre Bezugspersonen verspüren einen großen Schmerz über die mangelnde Sehkraft ihrer Schützlinge. Mit diesem Schmerz bleiben jedoch die meisten von ihnen allein. Die Kinder und Jugendlichen wachsen dann häufig in einer Atmosphäre von Enttäuschung, Trauer, Unverständnis, Wut und Zorn wegen der »Behinderung« auf, verbunden mit häufig falsch verstandener Hilfsbereitschaft. Wie kann ein Heranwachsender so ausgeglichen, selbstbewusst heranreifen, ein altersgemäß sich veränderndes Verhältnis zu seinen Eltern entwickeln, möglicherweise noch über eine große räumliche Entfernung von Blindenschule zum Elternhaus? Die Wahrscheinlichkeit, dass hier Grundsteine für vielleicht erst später erlebte Defizite entstehen, ist groß, zumal in einem Lebensbereich mit praktisch nur Gleichaltrigen, wie es in den meisten Internaten praktiziert wird.

Vergleichbare und doch wieder andere Schwierigkeiten erlebe ich häufig im Rahmen eines Prozesses der Späterblindung, die mit einer Phase des »Schwach-Werdens« des Erblindeten und eines großen Schmerzes auf Seiten der Angehörigen beginnen; dabei verschiebt sich das gesamte bisher aufgebaute seelische und soziale Gleichgewicht im Miteinander.

Während der Rehabilitationsphase erlangt der erblindete Mensch viel von seiner Selbstständigkeit zurück, kann sich mit seiner neuen Lebenslage innerlich auseinandersetzen. Seine Angehörigen nehmen nur sehr peripher daran teil. Durch die räumliche Distanz kann ihr eigener Anteil an der Auseinandersetzung mit der neuen Situation sehr leicht auf die wenigen Zeiten des Beisammenseins beschränkt werden. Der spät Erblindete muss dann die Initiative zu einem neuen Umgang ergreifen, ähnlich wie die Jugendlichen in ihrer häuslichen Umgebung. Dies stellt hohe Anforderungen an die psychische Kompetenz der sehgeschädigten Menschen. Dabei haben sie doch schon genug mit der Auseinandersetzung mit ihrer eigenen Lebenslage zu tun und sollten nicht noch zusätzlich die ihrer Angehörigen mit bewältigen müssen.

Besonders junge blinde Personen verstehen zudem häufig die stumme Körpersprache ihrer Umgebung nur ungenügend. Dass sich viele dieser Menschen in einer Lebensphase der Reifung unter derartigen Umständen miss- und sogar unverstanden fühlen und sich mit enormen Defiziten gegenüber den an sie gestellten Anforderungen erleben, ist nachvollziehbar.

Deutliche Schwachstellen des heutigen Systems

In welchen Lebensbereichen sind nun unter solchen Umständen die Einrichtungen, die sich mit heranwachsenden blinden oder spät erblindeten Menschen beschäftigen, besonders gefordert?

Es erscheint mir als eminent wichtig, die Angehörigenarbeit zu intensivieren. Die Sehgeschädigten müssen von der Aufgabe entlastet werden, für ihre nahe Umwelt Schicksalsbewältigung zu übernehmen. Sie sind in jeder Altersstufe erheblich stärker auf Hilfestellungen ihrer Mitmenschen angewiesen und wünschen sich aber dabei, als vollwertige Partner angenommen zu werden. Dies erfordert für die Angehörigen einen stetigen Informationsaustausch über den Stand ihrer Fähigkeiten und Kenntnisse. Die in den meisten Fällen dadurch provozierte größere Nähe birgt die Gefahr, dass die in jedem mitmenschlichen Beisammensein auftretenden Reibungen sich extremer ausprägen und das aktuelle Zusammensein belasten. Insbesondere bei Heranwachsenden ist dies auch häufig Ursache für spätere Schwierigkeiten bei der Partnersuche oder der eigenen Rollenfindung im Leben.

Wir als behinderte Menschen sind in der Regel für die Überwindung der Vorurteile und Unsicherheiten Nicht-Behinderter uns gegenüber verantwortlich. Das gibt die Chance zu einer größeren Reife, erfordert aber immer wieder besondere Anstrengungen, die jedoch durch befriedigende mitmenschliche Beziehungen belohnt werden können.

Wie oft höre ich über junge blinde Heranwachsende, dass sie wie Erwachsene wirken. Es kann aber nicht Ziel einer Erziehung sein, lebenswichtige Reifungsphasen zu überspringen, die dann später in unausgeglichener Form ihr Recht einfordern und den Menschen dadurch quälen. Wichtig erscheint mir eine ausgewogene Förderung, unabhängig vom schulischen Leistungsstand, eine Förderung der lebenspraktischen Fertigkeiten, die Freiheitsgrade zu sozialen Kompetenzen ermöglichen, was wieder die psychische, altersgerechte Reifung bestärkt. Ebenso gilt die Rückkopplung in umgekehrter Reihenfolge. Ein junger Mensch darf durch die schulische Belastung nicht derart zeitlich gefordert sein, dass ihm für die alltägliche Betätigung, die seine altersgerechte Reifung fördert, kaum noch Zeit verbleibt. In so einem Falle sollte er sich ein »Sabbatjahr« gönnen dürfen, ohne dass dieses von seiner Umgebung als ein schulischer Misserfolg gewertet wird.

Um den vielfältigen psychischen und sozialen Aufgaben im Zusammenleben mit so genannten nicht-behinderten Menschen befriedigend als herangewachsener Behinderter gerecht zu werden, bedarf es einer besseren Kenntnis über das Wesen der eigenen Persönlichkeit, des »üblichen« Umgangs miteinander und Grundkenntnissen über »übliche« Verständigungsarten, insbesondere stummer. Kenntnisse darüber erlernen sehende Heranwachsende normalerweise häufig durchs »Abschauen«, ein Weg, der für Geburtsblinde mit einem Internatsleben und nur wenigen Kontakten nach außerhalb versperrt ist. Da andere Gleichbetroffene so wichtig zur Identifikation sind, sind hier die sie umgebenden Sehenden im Alltag beim alltäglichen Umgang miteinander gefordert.

Sehgeschädigte Menschen tun sich wie praktisch alle Behinderten schwer, in dem Spannungsbogen von eigenem Streben nach Selbstständigkeit, Anerkennung durch Dritte, Erfüllen üblicher gesellschaftlicher Normen und eigener Persönlichkeitsfindung einen eigenen Standpunkt zu finden, der es ihnen ermöglicht, einerseits Partner für die Mitmenschen zu sein, andererseits mit dem höchst möglichen Grad an Gelassenheit in der entsprechenden Situation zu leben. Hier zeigt sich nach meinen eigenen Beobachtungen fast im gesamten Behindertenbereich ein großer Handlungsbedarf.

Heilt die Zeit den Schaden?

Manche der sehgeschädigten Menschen schaffen es später mehr oder weniger zufällig, unter günstigen Umständen nachzureifen, die Defizite teilweise auszugleichen. Wie ergeht es aber den sehgeschädigten Jugendlichen? Sie haben sich nach den gerade »modernen« Erziehungszielen ihrer Einrichtung zu richten und haben die »Suppe« dann später selbst auszulöffeln. Sie verfügen kaum über Chancen, Alternativen in ihrem Lebensumfeld kennen zu lernen (wie die meisten sehenden Jugendlichen in einer Familie); ihnen bleibt nur der Protest, die Verweigerung.

Viele der jetzt aktiven Mitarbeiter im Erziehungsbereich sind davon betroffen und schaffen es nicht, diese Jugendlichen zu einem konstruktiven Umgang mit der Welt zumindest in Teilbereichen zu motivieren. Sie erleben immer wieder nur den »Frust«, nämlich nicht dazu beitragen zu können, ihre jungen Schutzbefohlenen zu kompetenten Partnern für viele Mitmenschen zu erziehen. Kompetent im zwischenmenschlichen Bereich, kompetent bei der Bewältigung ihres Lebensalltags, in der Ausbildung, im Beruf, bei der eigenen Lebensplanung. Hier besteht ungeheurer Handlungsbedarf.

Gelänge es doch, die Erfahrungen vieler sehr engagierter Aktiver besser zusammenzutragen, dann verfügten wir über einen besseren Überblick über wirksame Maßnahmen und sinnvolle Abhilfen.

17
Abtragen der Stolpersteine

Als Mitglied der älteren Generation sehe ich mich persönlich gegenüber der nachfolgenden in einer besonderen Verantwortung: Ich sollte aus meinem derzeitigen Wissen dazu beitragen, dass die Jüngeren später in der Lage sind, ein menschenwürdiges Dasein mit einer inneren Zufriedenheit zu führen.

Welche Maßnahmen sollten nun Institutionen ergreifen, die sich sehgeschädigten Menschen in einem Werdeprozess widmen, zum Beispiel Sehbehinderten- und Blindenschulen (besonders jene mit Internat) und Rehabilitationseinrichtungen?

Hilfen für bekümmerte Angehörige

Die Familienangehörigen und engen Freunde eines sehbehinderten Menschen, der in einer Einrichtung lebt, sollten an ihrem Wohnort über ein Angebot zur eigenen Auseinandersetzung mit diesem Schicksal verfügen können. Es ist unzumutbar, sich dafür stets in der Einrichtung, fern der Heimat, zu treffen. Angehörigenarbeit sollte heimatnah erfolgen. Die Institution braucht dann nur die Adressensvermittlung in die Hand zu nehmen, den Rest sollte die Selbsthilfegruppe bewerkstelligen können (die Richtlinien des Datenschutzes wahrend). Die örtlichen Blindenverbände könnten mit Fachkräften und Versammlungsräumen zur Seite stehen.

Angehörigen, die zu einem notwendigen Besuch in der Einrichtung von weither anreisen, ist es darüber hinaus nicht immer zuzumuten, in einem Hotel übernachten zu müssen. Warum sollte es nicht »Patenschaften« ortsnaher Angehöriger zugunsten ortsferner mit einem Übernachtungsangebot geben, ebenfalls über den Weg Adressenliste-Selbstverwaltung?

So kann im Gespräch mit anderen Betroffenen über realistische Erwartungen an den eigenen Sprössling Raum entstehen für die innere Auseinandersetzung der Eltern mit all ihren Problemen. Sie können sich über die ganze Bandbreite der so genannten »normalen« Entwicklung austauschen und brauchen sich im Kampf für ihr »besonderes« Kind nicht mehr alleine zu fühlen. So vermögen sie Vertrauen zu gewinnen in die Fähigkeiten und das Können ihrer »Sorgenkinder«. Diese können dann zu Hause leichter in einem altersgemäßen Freiraum ihre Ferien verbringen (nach ausreichendem Mobilitätsunterricht vor Ort).

Sollte es nicht auch möglich sein, sich mit den Problemen der angeblich nicht-behinderten, aber doch »mit-behinderten« Geschwister sehgeschädigter Kinder in dem genannten Rahmen konstruktiv zu beschäftigen? Die Gedanken sind frei für jede Art von Lösungsversuch!

Bei spät erblindeten Erwachsenen, die sich jetzt in einer verstärkten familiären Abhängigkeit wiederfinden, muss das Thema der ungewollten Enttäuschungen im Umgang miteinander bald nach der Sehverschlechterung Raum finden. Betagte Eltern müssen es zulassen, ihre bisher selbstständig lebenden Kinder nun als erblindete Erwachsene nur zeitweise zu betreuen und sie nicht freudig wie heimgekehrte kleine Kinder allzu stark umsorgen zu wollen. Verletzungen durch wohlgemeintes Fremdbestimmen können in Gesprächen gleich betroffener Eltern untereinander und in anschließendem besseren Miteinander geheilt werden. Denn beide Seiten hatten in früherer Zeit ja auch ihre enge Verbundenheit miteinander, die nicht durch vorprogrammierte Missverständnisse verschüttet werden sollte. Ebenso hatten beide Seiten zu früherer Zeit natürlich auch ihre Schwierigkeiten, die durch den gegenwärtigen Umgang wieder wachgerufen werden können. Die sehgeschädigten Menschen wünschen sich aber wieder einen möglichst partnerschaftlichen Umgang miteinander wie vor der Sehverschlechterung; die Verletzungen sollten der Vergangenheit angehören.

Wenn sich das gerade etablierte Gleichgewicht der Abhängigkeit des spät erblindeten Erwachsenen erneut massiv hin zur Selbstständigkeit verschiebt, könnten sich die Partner der Sehgeschädigten bei Kontakten untereinander als begleitet und gestärkt erleben – ein Prozess, der manches Mal Jahre währen kann. Ein halbjähriges Treffen oder gar noch seltener wird den echten Schwierigkeiten und damit den Bedürfnissen in keinster Weise gerecht. Häufigere Gespräche können weniger hohe Trennungs- und Scheidungsraten zur Folge haben.

Eine facettenreiche Persönlichkeit?

Jede behindertenspezifische Einrichtung muss sich gegenüber der Gesellschaft in folgenden Bereichen rechtfertigen können: Sie ist verantwortlich für die allgemeine und die behindertenspezifische Wissensvermittlung und sollte alles dafür tun, dem behinderten Menschen zu einer altersgerecht gereiften Persönlichkeit zu verhelfen, die die Einschränkung in ihr Leben integriert hat. Der sehgeschädigte Heranwachsende hat Anspruch auf behutsame Förderung auf allen Gebieten, um seine individuelle Rolle im Leben auch unter sehenden (oder unter rollstuhlbenutzenden) Menschen zu finden. Ähnliches gilt für den spät erblindeten Menschen.

Für Schule, Ausbildung oder Beruf und die Vermittlung behindertenspezifischer Kenntnisse gibt es klar formulierte Curricula. Während dieser Lebensspanne bauen viele Verantwortliche für die persönliche Reifung auf den Faktor Zeit, der so vieles heilen kann, durch den aber auch vieles verschlafen werden kann. Bei einer bewussten Realisierung dieser gesteckten Ziele sind dem Einfallsreichtum keine Grenzen gesetzt. Ich möchte mich als Psychotherapeutin besonders der Persönlichkeitsentwicklung und den damit verbundenen Problemen widmen.

Da die Kinder und Jugendlichen durch das Internatsleben ohnehin schon von familiären und sozialen Banden erheblich abgeschnittten sind, erachte ich es für unabdingbar, dass Wohneinheiten dieser Schüler nicht nach Altersgruppen gestaffelt werden, sondern familienähnlich verschiedene Altersstufen umfassen. Ich denke zum Beispiel aber auch an Patenschaften älterer Schüler oder Absolventen für solche mit weniger Erfahrungen. So können lebendige Vor- und Leitbilder entstehen ähnlich wie in einer Großfamilie.

Um die Kenntnisse über unsere Eigenarten zu fördern, sollten unter fachlicher Anleitung Rollenspiele jeder Art stattfinden, durch die sich die Teilnehmer in die unterschiedlichsten Persönlichkeiten und Lebenssituationen hineinversetzen müssen. Ebenso denkbar sind Verkleidungsaktionen mit der Frage: »Wer bin ich?« bzw. »Wie bin ich?« Auch dürfen (oder müssen?) die »Schattenseiten« eines jeden dabei einmal gelebt werden, der Ordentliche lebt seine Unordentlichkeit, der stets Höfliche ist auch einmal patzig und pampig. Als oberstes Gebot gilt jedoch stets: Sehgeschädigte Menschen sollen als solche belassen werden, niemand darf sie zu »sehenden« umkrempeln wollen!

Wichtig ist es, dies mit Gleichbetroffenen erleben zu können, das heißt, in einer ersten Probierzeit treffen sich geburtsblinde Menschen untereinander. Später können auch gleichaltrige Sehende dazukommen.

So genannte »Meckerstunden« können im Kreis gleich betroffener Personen unter fachlicher Anleitung helfen, die angestauten Frustrationen des Alltags entweder in reinen Gesprächen oder im Nachspiel wiederzuerleben. Dabei können der Betroffene und seine Mitakteure lernen, zukünftig in einer ähnlichen Begebenheit anders zu handeln. So vermögen sie auch ihre durch die Behinderung bedingten Besonderheiten bewusster in ihr Leben mit einzubeziehen. Der Mitakteur dient mehr als Spiegel, ist aber auch Partner, Vorbild, im positiven wie im negativen Sinne, und kann anregen zu einem bestimmten Verhalten, zu Fantasien, Gefühlen, Empfindungen beziehungsweise Rollenerleben.

Hier sollte auch das Thema Leistung angesprochen werden, um Stellung zu beziehen zu der These: Ein Behinderter soll mehr im Studium und Beruf leisten als sein nicht-behinderter Kollege. Für manche Zeiten mag das zutreffen, aber ein Leben lang?

Während der Schulzeit jedoch sollte es mehrere Zyklen der »Selbsterfahrung« geben, wobei jeder Teilnehmer seinen Kursus aus einem möglichst großen Angebot ganz individuell auswählen sollte. Die Angebote müssen dabei so vielfältig und fantasievoll sein, dass sie sehr unterschiedlichen Interessen gerecht werden; so kann man auch von einer aktiven Mitarbeit aller ausgehen, ein Drückebergertum sollte sich nur schwer ausbreiten können.

Wie gehen wir miteinander um?

Blinde Menschen und auch Sehbehinderte mit einem Sehrest benötigen größere Fähigkeiten und andere Fertigkeiten für einen angemessenen mitmenschlichen Umgang als Sehende.

Im Laufe des Lebens gewinnen viele blinde Menschen ein zuverlässiges Gespür für die Stimmungen und die Gefühlsäußerung ihres Gegenübers durch nicht-optische Wahrnehmungen. Als geburtsblinde Jugendliche ahnen sie aber ohne besondere Hinweise nicht, dass es auch eine stumme Körpersprache gibt, mit der sie sich Sehenden unbeabsichtigt mitteilen. Grundvoraussetzung für ein Verständnis dafür ist eine gute eigene Körperwahrnehmung und ein Austausch darüber unter fachlicher Anleitung.

Es bieten sich Bewegungsspiele in einer Gruppe ohne ausgeprägten Wettkampfcharakter an, Ausdruckstanz, Theaterspiel, Sketches, Musiktheater, Lesungen, Vorträge und vieles andere mehr. Der Kreativität sind keine Grenzen gesetzt. Alles, was zu einem lebendigen Miteinander beiträgt, ist hier willkommen.

Auch hier sollten dieselben Regeln wie in der Selbsterfahrungsgruppe gelten: erste Erfahrungen mit gleich betroffenen Personen; später wird der Erfahrungshorizont erweitert. Kurse unter fachlicher Leitung werden aus einem vielfältigen Angebot ausgewählt.

Blinde Heranwachsende lernen in einem Internatsleben unter Blinden sehr gut den adäquaten, aktiven Umgang miteinander. Blind oder sehbehindert zu sein, gehört für diese jungen Menschen zu ihnen ebenso wie zu ihren gleichaltrigen Freunden. Ihre sehenden Partner gehören meist der älteren Generation an als Eltern, Verwandte, Lehrer, Erzieher. Diese nehmen ihnen leicht die aktive Gestaltung des Miteinanders ab. So wachsen die Jugendlichen mit einer passiven Erwartungshaltung an alle Sehenden heran, auch an Gleichaltrige, die sehen. Das erschwert eine spätere Integration.

Erfahrungen aktiver Beziehungsgestaltung sowohl zu sehgeschädigten wie zu sehenden Mitmenschen können gezielt unter vorsichtiger Anleitung eines Fachmannes bei jedem Hobby mit Gruppencharakter spielerisch erprobt werden. Der Fachmann ist nötig, um die Sehenden nicht in die Rolle des Mitleidenden mit den »armen Blinden« rutschen zu lassen. Vielleicht wollen sie aber auch einmal blind, ein Rollstuhlbenutzer sein? Der von Anfang an zeitlich begrenzte Rahmen kann sowohl einer hilfreichen Abgrenzung der unterschiedlichen Gruppen dienen, die sich begegnen; er kann aber auch eine Abwehr fördern, die ein wirkliches Einlassen von vornherein verhindert. *Fantasie und Kreativität der Fachleute sind hier gefragt.*

Bei derartigen Erfahrungen des Miteinanders stehen die Möglichkeiten einer gelungenen Begegnung und einer nicht verletzenden Abgrenzung gegenüber sehenden Mitmenschen letztlich im Mittelpunkt.

Zeitprobleme?

Regelmäßige Veranstaltungen zur Selbsterfahrung und zum Miteinander belasten bei allem spielerischem Charakter den ohnehin schon überfüllten Stundenplan eines Internatsschülers in einer behindertenspezifischen Einrichtung. Deswegen sind die Schulcurricula zu durchstreifen unter dem Motto: »Welches Wissen ist unabdingbar?« Leitfrage darf nicht in erster Linie sein: »Lernen nicht-behinderte Schüler ebenfalls diesen Lernstoff?«

In Referaten könnten Interessierte ihren Mitschülern auf einer regelmäßigen Veranstaltung ihr Wissen weitergeben, das sie sich durchaus mithilfe der Einrichtung blindengerecht haben aufarbeiten lassen (z.B. in Punktschrift, auf Kassette, elektronischem Datenträger). Dieses Spezialwissen sollte dann im Zeugnis auch gewürdigt werden und sich ebenso in einer Abschlussnote wiederfinden. Eine solche Eigeninitiative kann die nachfolgende Integration in Ausbildung, Studium und Beruf fördern. Sie vermag dazu beizutragen, einen gesunden Standpunkt zwischen Versorgungs- und überhöhtem Leistungsanspruch zu finden.

Auf keinen Fall dürfen die Stunden für Sport und Bewegungsspiele beschnitten werden – im Gegenteil: Alle Beteiligten sollten unbedingt ihre Fantasie spielen lassen zugunsten mehr freier Bewegung, zur Schulung von Motorik und Gleichgewicht möglichst täglich schon im Vor- und Grundschulalter.

Die Erwachsenen, die die Jugendlichen betreuen, sollten für die Erlebnisse und Erfahrungen ihrer Schutzbefohlenen stets ein offenes Ohr haben und deren Erfahrungsschatz durch Bestärkung auch bereichern. Wie viel kann ein abschätziger Tonfall zerstören! Ich denke insbesondere an die Themen Heimweh, Rückzug, Liebeskummer, Religion. Deswegen: Herz und Kopf barrierefrei für die Vielfalt des menschlichen Lebens!

Fachliche Begleiter

Wie viele sehr engagierte Mitarbeiter gibt es zwischen so manchen mit »eingeschlafenen Füßen«! Die Aktiven rackern sich ab und haben nur das Gefühl, auf Granit zu stoßen. Nach jahrelangem Einsatz fühlen auch sie sich müde und ausgebrannt.

Wie können wir die Aktiven in ihrem Einsatz für die Verbesserung einer solchen Situation unterstützen? Der deutsche Gesetzgeber ermöglicht in der Regel den stationären Einrichtungen des sonderpädagogischen Bereichs eine regelmäßige Supervision. Hier können Mitarbeiter der Institution im Team ihre Probleme vorbringen und diese untereinander mit einer speziell fachlich geschulten Person diskutieren, die nicht in der Institution tätig ist. Erfahrungsgemäß ist dies nach heutiger Auffassung eine der wirkungsvollsten Waffen gegen das verfluchte »Burn-Out-Syndrom«. Der zeitliche Einsatz steht in einem ausgesprochen günstigen Verhältnis zum Zugewinn an Zufriedenheit im Arbeitsleben, Entlastung gegenüber so vielen schwierigen Schützlingen, Abnahme der Reibungsverluste im Team und damit auch einen Zugewinn an Lebensfreude der Mitarbeiter in deren freien Zeit. Davon profitieren letztlich wieder ihre »Schützlinge«.

Engagierte Mitarbeiter können häufig nur schwer eine Grenze für ihr Arbeitspensum ziehen. Weniger engagierte haben dadurch die Möglichkeit, sich auf einem sanfteren Ruhekissen zu betten. Ein Teufelskreis. Bei einem System von »Bezugsbetreuern« profitieren nicht nur das Team durch klarere Arbeitsaufteilungen, sondern auch ihre Schützlinge, besonders jüngere und solche, die in einem massiven Umbruch stecken, zum Beispiel nach einer Sehverschlechterung.

Gerade jüngere Kinder können bei festen Bezugspersonen den nötigen Halt und Fixpunkt finden, den sie als »Sorgenkinder« der Familie bisher im warmen Nest zu Hause erlebt haben. Einige Jahre später gehört es dann dazu, dass man sich als Jugendlicher an seiner Bezugsperson reibt, mit ihr um Grenzen streitet, wie zu Hause auch sehende Gleichaltrige mit ihren Eltern. In einer dritten Phase könnten diese Bezugserzieher nach dem Ausscheiden aus der Einrichtung weiterhin (sporadisch?) zur Verfügung stehen. Über Finanzierungsmodelle oder auch langfristige Ausgleichsmöglichkeiten sollte nachgedacht werden. Denkbar wären zum Beispiel »Gutpunkte« durch eine Patenschaft des sich-ablösenden Lernenden für einen jüngeren Mitbewohner als ideeller Ausgleich und Arbeitsentlastung. Ohne Fantasie auch für ausgefallene Denkansätze wird alles beim alten Trott bleiben. Und das wäre schade!

Um mehr Freiraum für die wechselnden Anforderungen im Arbeitsalltag einer Institution zu gewinnen, müssen auch hier bisherige Verpflichtungen wie Besprechungen, Sitzungen und andere Termin auf den Prüfstand gestellt werden, denn noch mehr Sitzungen stehlen den Schutzbefohlenen nur Zeit. Und ohne Zeit auch keine sinnvolle Betreuung. Nur wenige Termine sollten nicht zur Disposition stehen.

Habe ich jetzt das Paradies auf Erden geschaffen? Nein, sicherlich nicht. Es ist nicht so einfach, der nächsten Generation einen weniger steinigen Weg als den gegenwärtigen zu bereiten. Ist doch das menschliche Leben wie ein Mobile: Verbesserungen an einem Ende bewirken ebenso Veränderungen am anderen. Wichtig ist es mir, mit diesen Zeilen Staub aus den Gelenken eines erstarrten Mobiles gefegt zu haben, damit es beginnen kann, von einem festen Haltepunkt aus wieder frei zu schwingen. Jeder fantasielose Stillstand hat katastrophale Folgen.

18 Integriertes Lernen als idealer Ausweg?

Sollten Eltern nun ihre sehbehinderten Kinder angesichts der immer noch bestehenden Schwachstellen grundsätzlich keiner Einrichtung anvertrauen? Sollen sie sie besser zu Hause leben und sie zusammen mit normalsichtigen Kindern die Schulbank drücken lassen? Sollen spät erblindete Erwachsene zu Hause nur im Kreis ihrer Angehörigen Blindentechniken erlernen? Was ist das Beste für Menschen, denen das Schicksal nicht immer zulächelt?

Die Angehörigen

Grundsätzlich erfordert ein integratives Schulleben einen größeren Einsatz der gesamten Familie: Die innere Auseinandersetzung mit der Tatsache Sehbehinderung sollte ein gutes Stück vorangeschritten sein. Die Eltern sollten auch bereit sein, Initiativen bei der Überwindung von Mobilitätsproblemen zu übernehmen, danach aber auch wieder in den Hintergrund treten können. Erfahrungsgemäß tauchen im spontanen Lehrbetrieb auch immer wieder Überraschungen und Pannen bei der blindengerechten Aufarbeitung von Lehrmaterialien durch die vielen Helfer auf – Situationen, in denen die Eltern mit ihrem Engagement gefragt sind.

Viele der oben genannten (im Kapitel 17) Schwierigkeiten bei der Selbstfindung treten auch bei Heranwachsenden auf, die in der eigenen Familie und in einer Schule am Heimatort leben (ebenso wie bei nicht-behinderten Kindern). Deswegen müssen die Eltern nach der Entscheidung, ihr sehbehindertes Kind nicht in eine Einrichtung zu geben, trotzdem wach sein und der Reifung ein ganz besonderes Augenmerk widmen.

Und weitere grundsätzliche Überlegungen: Können beziehungsweise wollen sich die Eltern immer wieder mit den blindentechnisch ausgebildeten Erziehern austauschen? Sind sie in der Lage, Vertrauen zu entwickeln angesichts des Einflusses der Helfer auf ihre Kinder so direkt vor ihren Augen? Vermögen sie ihre eigenen Vorstellungen und Erwartungen bei der Entwicklung ihres Kindes den Spezialisten zu verdeutlichen und sich selbst auch notfalls zu korrigieren? Bei normalsichtigen Kindern weiß man ja, wie die Entwicklung laufen sollte im Gegensatz zu der eines behinderten. Da ist es schwierig, sich bei allem Engagement auch zurückzunehmen. Das Blindeninternat ist für viele Eltern weit weg mit nur wenigen Kontakten, und das kann die Folge haben: Aus den Augen, aus dem Sinn.

Während einer ortsnahen blindentechnischen Grundausbildung können die Angehörigen eines spät erblindeten Menschen an seiner Wandlung zu mehr Selbstständigkeit und Selbstbewusstsein teilhaben ebenso wie an der inneren Auseinandersetzung mit der verbleibenden Abhängigkeit und dem Abschied von der optischen Dimension im bisherigen Leben. Dabei vermögen sie durch ihre Begleitung dem sehbehinderten Mitmenschen eine stärkende Stütze zu sein. Wer in einer derartigen Situation dies hat erleben dürfen, der weiß, dass diese Hilfe nicht mit Gold aufzuwiegen ist. Ein lieber Freundeskreis kann diese Wirkung noch verstärken.

Angehörige können es aber auch unbewusst für sich als bestärkend erleben, wenn der spät erblindete Mensch eben nicht wieder selbstständig wird, sondern in einer Abhängigkeit von ihnen verbleibt – so wie es auch für manche Mütter unvorstellbar ist, dass sich ihre heranwachsenden Kinder von ihnen lösen. Aus welchen Gründen auch immer diese Angehörigen so handeln – sie erschweren dem sehbehinderten Menschen das Erlernen und den Einsatz seiner neuen Fertigkeiten. Hier kann ein Wachsen der Selbstständigkeit in einer Einrichtung dem spät erblindeten Menschen die Stärke verleihen, um sich dem späteren Gerangel um die Selbstbestimmung seines Lebens besser gewachsen zu fühlen. Dabei ist die enge Einbindung der Angehörigen in den Wachstumsprozess besonders wichtig.

Nur zum Wohle der Sehgeschädigten?

Und wie ergeht es den sehbehinderten Jugendlichen selber, wenn sie in der Familie aufwachsen? Als Grundschulkinder leiden sie natürlich nicht an Heimweh wie ihre Internatsfreunde. Erlittene Enttäuschungen und Erfahrungen von Einsamkeit unter sehenden Kindern können auf Mutters Schoß durchweint werden, sodass sie sich von dort wieder gestärkt lösen können.

Leben blinde Kinder ausschließlich unter Sehenden, werden sie ihre Freunde zu Recht anders als sich selbst erleben. Es ist aber unbedingt notwendig für die gesunde Entwicklung einer runden Persönlichkeit, dass wir schon im Kindesalter stets genau wissen: Das bin ich, der andere ist in einigen Aspekten so wie ich, dann aber auch anders, stets mit Stärken und Schwächen. Sehende gleichaltrige Kinder sind aber nun einmal anders. Deswegen ist der Kontakt zu sehgeschädigten Mitmenschen unbedingt nötig, damit auch unsere blinden Kleinen eine innere Heimat finden können.

Und wie steht es mit begleitenden Freunden? Solange Kinder noch nicht ihre Selbstständigkeit zur Abgrenzung von ihren Eltern einsetzen müssen, finden sehbehinderte Jugendliche leicht Freunde, spielen mit ihnen, unternehmen vieles gemeinsam; dabei sind die sehenden häufig durchaus bereit, sich auf die besonderen Bedürfnisse des blinden Mitspielers einzustellen, beneiden ihn vielleicht auch insgeheim um seine spezielle »Spürnase des Indianers«. Und warum sollen blinde Kinder nicht mit ihren Freunden (wenn auch langsamer als diese) auf einen Baum klettern dürfen, um so zu erfahren, wie groß derartige Gebilde sind, wie die Vielfalt und Besonderheit der Äste, der Verzweigungen, der Rinde und der Blätter? Erzieherische Betreuer einer Institution verweigern sich zu Recht aus Angst vor der Verletzung ihrer Aufsichtspflicht angesichts solcher Abenteuer.

Je wichtiger einem sehgeschädigten Jugendlichen die Verbundenheit in der Gruppe der Gleichgesinnten wird – auf Kosten der elterlichen Bindung mit ihrer Abhängigkeit –, desto schwieriger gestalten sich freundschaftliche Bande zwischen Blinden und Sehenden. Sehgeschädigte Jugendliche leben in einem erheblich unausgeglichenerem Verhältnis von Selbstständigkeit und Abhängigkeit als ihre gleichaltrigen Freunde. Bei einem integrierten Schulleben erreichen sie den aktuellen Grad an Selbstständigkeit nur dank aktiver Handlungsmuster. Diese Art des Zupackens passt zu vielen anderen Aktivitäten sehender Jugendlicher, die sich aber durch die verbleibende Abhängigkeit der Blinden nur wenig zu diesen hingezogen fühlen. Mit den Unselbstständigen sieht es genau umgekehrt aus. Die psychische Reife der blinden Jugendlichen lässt sie auch Kontakte zu jüngeren als unbefriedigend erleben. Wie viele Enttäuschungen muss ein junger Mensch da wegstecken können! Wie viel Bereicherndes kann er aber auch erfahren: Belohnung durch Geduld, dann wieder ein andermal durch aktives Zupacken; er erlebt eine größere Vielfalt des Lebens als in den engen Räumen eines Internats.

Kontakte, zum Beispiel Freizeiten in den Ferien mit anderen Sehgeschädigten, müssen unbedingt den Mangel an gleichaltrigen Freunden ausgleichen. Gleichzeitig lernen hier die Kinder und Jugendlichen den blindenspezifischen Umgang miteinander, zum Beispiel dass sie einen Laut von sich geben sollten, wenn ein anderer Blinder den Raum betritt.

Die sehgeschädigten Jugendlichen mögen die Gleichaltrigen einer Institution um deren Freiheiten im Leben dort beneiden, zum Beispiel Rauchen, Alkoholtrinken und lautes Musik-Hören. Ebenso um alles, was diesen so selbstverständlich zur Verfügung steht, wie blindengerechte Aufarbeitung von Literatur.

Auch scheinen die routinemäßig angebotene Hobbies an einer Einrichtung mit gleich betroffenen Freunden so leicht machbar! Die vor Ort sind nur mit einer besonderen Organisation durchführbar und scheinen »viel« langsamer erlernbar, als dies sehenden Freunden möglich ist.

Blinde Jugendliche können auch nach den vermeintlichen Annehmlichkeiten einer Institution schielen, weil sie sich in ihrer aktuellen Situation unwohl fühlen, zum Beispiel darin überfordert, dass sie immer wieder soviel anpacken müssen; so scheint es gar keine Gelegenheit zu geben, um Luft zu holen. Handeln durch eigene Initiative kann für sie auch bedeuten, dass sie sich dann der Liebe und Zuwendung ihrer Eltern nicht mehr sicher sind. In derartigen Situationen kann sich kein gesundes Selbstbewusstsein einstellen. Die ebenfalls übermäßig geforderten Eltern sollten entlastet werden; sie sollten dann eine (vielleicht zeitweilige) Förderung in einer Institution erwägen, alle Argumente gut abwägend. Die betroffenen Kinder dürfen den Wechsel allerdings in keinster Weise als ein Abschieben aus einem warmen Nest in die Kälte erleben.

»Mit-Betroffene«

Und was sagen die Geschwister eines blinden Kindes dazu, das da immer die Aufmerksamkeit ihrer Eltern auf sich zu ziehen vermag? Leicht kann da das Gefühl, stets zu kurz gekommen zu sein, das ganze Leben bestimmen. Oder sie werden von einem ständigen Verantwortungsgefühl für das Wohlergehen ihrer Mitmenschen geplagt, für Behinderte, für Erwachsene, für Schwache und manchmal auch für Starke, nur nicht für sich selbst.

Wenn die Eltern die besonderen Aufgaben, die für das blinde Kind erledigt werden müssen, an Außenstehende delegieren, können sie so Freiräume für die nicht-behinderten Kinder schaffen. Diese vermögen dann mehr um die menschlichen Grenzen im Leben zu wissen als viele ihrer gleichaltrigen Freunde.

Grundvoraussetzungen

Ohne eine gewisse Infrastruktur zur Förderung oder Rehabilitation sehgeschädigter Kinder und Jugendlicher gibt es keine heimatnahe Ausbildung. Nötig sind Fachkräfte für Orientierung und Mobilität, für Punktschrift auf Deutsch, auch Englisch, Französisch, Mathematik, Physik, Chemie, Musik, für besondere Arbeitstechniken und lebenspraktische Fertigkeiten, für elektronische Hilfsmittel, zur Sehrestschulung. Sie alle müssen dem Lernenden kontinuierlich zur Verfügung stehen. Und all diese Zusatzstunden sollten sich in den normalen Stundenplan nahtlos einfügen. Die Schule, jeder einzelne Lehrer muss bereit sein, Rücksicht zu nehmen. Das spontane Arbeitsblatt braucht der behinderte Schüler zum Beispiel in Großschrift oder in Brailleschrift – alles benötigt seine Zeit. Im Mathematikunterricht dürfen sich an der Tafel nicht nur »grüne und blaue« Geraden schneiden sondern g_1 und g_2. Dazu kommen all die Besonderheiten im Sport-, im Werkunterricht und vieles andere mehr.

Es stimmt: Nicht alles, was glänzt, ist Gold! Immer gibt es Flecken. Wichtig ist es, die individuellen Bedürfnisse gemäß jedem Für und Wider gut auszuloten. Dann können die Entscheidungen bewusst gefällt werden, je nach Vorstellungen, Erwartungen und Gegebenheiten des betroffenen Menschen, seiner Angehörigen und der vorhandenen Infrastruktur. Entscheidungen müssen aber stets auch revidiert werden dürfen.

19
Ältere sehbehinderte Menschen

Viele ältere Menschen sehen eines Tages so schlecht, dass sie glauben, ihr Leben in der gewohnten Form nicht mehr bewältigen zu können. Dies bekümmert ihre jüngeren Angehörigen, die oft mit dem Aufbau des eigenen Lebens vollauf beschäftigt sind und ihnen nur unzureichend als praktische und seelische Helfer zur Seite stehen können. Was macht es den älteren Menschen zusätzlich zu den Schwierigkeiten, wie sie die jüngeren Sehbehinderten erleben, so schwer, mit der eingetretenen Seheinbuße zu leben?

Geburtsblinde oder später erblindete Menschen haben irgendwann im Erwachsenenalter mehr oder weniger erfahren, wie *man* mit einer Blindheit leben kann. Sie erleben im Alter grundsätzlich die gleichen Schwierigkeiten wie Nicht-Blinde. Ihre Situation ist jedoch durch ihre Blindheit zusätzlich erschwert. Die altersbedingten Einschränkungen zeigen diesen Menschen ihre Grenzen durch die Blindheit wieder deutlicher auf. Dies kann wieder sehr schmerzhaft sein. Zeitweise kann sich ihr Leiden dem der im Alter Erblindeten annähern.

In erster Linie möchte ich mich jedoch hier auf eine Seheinbuße beziehen, die erst im Alter eintritt.

Im Folgenden ist die Rede von Schwierigkeiten älterer Menschen, die sich nur mühsam auf ein Dasein mit einer Sehbehinderung einstellen. Natürlich gibt es auch viele ältere Menschen, die sehr wohl in der Lage sind, für sich ein neues Gleichgewicht im Leben auch bei einer drohenden Erblindung zu finden. Meine volle Hochachtung vor ihnen! Wie leicht könnten sie sich doch nach ihren bisher erbrachten Leistungen zurückziehen und sich statt eigener Anstrengungen von jüngeren Familienmitgliedern oder sozialen Einrichtungen versorgen lassen.

»Junge Alte«?

Heute gibt es viele so genannte »junge Alte«; gemeint sind ältere Menschen ab etwa 60 Jahren, die sich im Rentenalter noch sehr fit fühlen und ihr Leben zu genießen wissen. Körperliche und geistige Altersleiden sind für sie noch wenig spürbar. Die »alten Alten« dagegen (ab etwa 80 Jahren und älter) bemerken sehr wohl die Last der Jahre bei körperlichen und geistigen Einschränkungen. Häufig haben sie schon ihren Partner verloren, sind einsam, ahnen die Endlichkeit ihres Daseins und fühlen sich durch jede neue Einschränkung dem Ende näher.

Auch die »jungen Alten« möchten nicht so schnell mit der Endlichkeit ihres Daseins konfrontiert werden. Die Grenzen der menschlichen Existenz erfahren sie jedoch bei jeder körperlichen Einschränkung deutlicher als die Jüngeren. Das lässt Erkrankungen, zu denen ich auch eine langsam eintretende oder plötzliche Seheinbuße zähle, so bedrohlich werden. Der »junge Alte« scheint trotz eines relativ geringen Lebensalters zu einem »alten Alten« zu werden.

Der Lebensabend eines sehbehinderten »jungen Alten« scheint sich so ganz anders zu entwickeln, als er ihn sich einst in seiner Fantasie ausgemalt hatte: Reisen scheinen nicht mehr möglich, mit dem Lesen all der Bücher vom Bücherschrank scheint es vorbei zu sein, mit den erhofften Wanderungen ebenso. Das einzige machbare Hobby ist anscheinend das Ruhen im Lehnstuhl. Das soll das Leben gewesen sein? Nein! Viele »junge« wie »alte Alte« sind in der Lage, trotz anfangs scheinbar eng gesetzter Grenzen zu neuen Ufern aufzubrechen und dort auch wieder festen Boden unter den zunächst so müden Füßen zu gewinnen. Ich bewundere sie!

Wenn ich im Folgenden von »älteren Menschen« spreche, beziehe ich mich deswegen auf die typische Situation eines »alten Alten«, auch wenn der betroffene Mensch das charakteristische Lebensalter noch nicht erreicht haben sollte. Aber seine gesamte Lebenseinstellung und -planung kann der eines Menschen gleichen, der sich der Begrenztheit seiner Existenz bewusst werden muss.

Sowohl jüngere wie ältere spät erblindete Menschen leiden oft unter dem Gefühl, die zuvor verspürte Einheit von Körper, Geist und Seele durch die Sehverschlechterung verloren zu haben. Aber der Jüngere ist angesichts der übrigen, gut tätigen Körper- und Sinnesfunktionen nach einer gewissen Zeit auch wieder in der Lage, seinen Körper erneut als lebendigen Teil seines Selbst wahrzunehmen und sich als Einheit zu erleben – wenn dies auch eine andere Einheit ist als vor der Sehbehinderung.

Für ältere Menschen hatte sich oft im Laufe der Jahre durch mancherlei Beschwerden das Gleichgewicht zwischen Körper, Geist und Seele verschoben. Aber gerade eine Erblindung kann für sie dann mehr als nur ein weiterer Abschied von ihrem Körper sein. Denn das Auge bewahrte ja während all der Jahre immer den »Überblick« über dieses Gleichgewicht und wollte dabei den Blick auf die Seele nicht versperrt wissen. So wird die tiefe Traurigkeit mancher älterer Sehgeschädigter nachvollziehbar. Nur langsam reift in ihnen das innere Auge mit dem vertrauten Blick zur Seele hin. Aber Hauptsache ist, dass der Blick reift und etwas von seinem Ziel ahnt.

Körperliche Veränderungen

Mit zunehmendem Lebensalter lässt unsere körperliche Muskelkraft nach, die Beweglichkeit unserer Gelenke ebenso wie die funktionelle Reserve unserer Organe, bis es eines Tages auch diese Reserve nicht mehr gibt. Lange Zeit vermögen wir unser Leben diesen Veränderungen anzupassen: den Einschränkungen im gesamten Bewegungsapparat, der verminderten Geschicklichkeit, der herabgesetzten Reaktionszeit, den abnehmenden Sinneswahrnehmungen (Hören, Riechen, Schmecken, Fühlen, Sehen). Unser Gang wird dadurch langsamer, unsicherer; viele Handlungen brauchen bei ihrer Ausführung mehr Zeit. Aber wer hetzt ältere Menschen denn außer sie sich selbst?

Im Alter kann die Fähigkeit einer guten Koordination allmählich nachlassen, zum Beispiel auch die Fähigkeit, bei geschlossenen Augen mit ausgestrecktem Arm und Zeigefinger die Nasenspitze zu finden. Sollte diese medizinisch bekannte kleine Probe hin und wieder ein wenig missraten oder ein leichtes Muskelzittern auftreten, gelingt die perfekte Zusammenarbeit der Finger bei vielen lebenspraktischen Tätigkeiten nicht mehr in der gewohnten Form. Ältere Menschen erleben sich dann zuweilen als ungewohnt tollpatschig. Kooperation beider Hände, die für den blinden Menschen doch so wichtig ist, will und will nicht wie gewünscht erfolgen – ein wahres Hindernis bei der selbstständigen Bewältigung des Alltags –, und dies im erhöhten Maß für sehgeschädigte Menschen, möglicherweise noch dazu bei Tätigkeiten, die früher mit so viel Freude verbunden waren! Für manches Lästige im lebenspraktischen Alltag gibt es findige Auswege, zum Beispiel ein vielfältiges Angebot von »Essen auf Rädern«. Vielleicht entsteht dann »Luft« für wieder mehr kleine Freuden im Alltag. Oder müssen sich die Menschen wirklich von dem einen oder anderen Hobby mit Kummer und unter Schmerzen verabschieden?

Der Tastsinn kann sich mit zunehmendem Alter wie auch durch eine lang andauernde Zuckerkrankheit oder bei exzessivem Alkoholkonsum verschlechtern. Auch die Fingerkuppen, die durch jahre- bis jahrzehntelange Strapazen jetzt eine schützende Hornhaut tragen, wollen nur schlecht feine Unterschiede fühlen, wie zum Beispiel Oberflächenstrukturen, Temperaturunterschiede oder die Punkte der Blindenschrift. Wie mühsam können dann alltägliche Handgriffe für sehgeschädigte Menschen werden! Und was sagt das Gehirn, wenn es nach 70 oder mehr Jahren jetzt plötzlich *bewusst* melden soll, ob die Füße eher bergab, eben oder bergauf stehen? Und doch können diese »neuen Achtsamkeitsübungen« für einen blinden Menschen sehr hilfreich sein. Wer seine »grauen Zellen« nicht immer antreiben will, könnte sich für regelmäßige Spaziergänge oder andere kleine Tätigkeiten immer noch die alleinerziehende junge Mutter von nebenan für einige Stunden pro Woche aus dem Blindengeldfond engagieren.

Selbst wenn die Muskelkraft ausreicht, die Koordination ein gutes Zusammenspiel ermöglicht, die Nerven sowohl in der Peripherie wie auch im Gehirn zuverlässig und schnell ihre Dienste verrichten sollten, heißt das noch lange nicht, dass sich die Gelenke stets in der gewünschten Weise, schnell genug, schmerzfrei oder ohne Widerstand bewegen lassen. Diese Schwierigkeiten können ältere blinde Menschen in einem Ausmaß behindern, dass sie den Anforderungen des Lebensalltags nicht mehr gewachsen zu sein scheinen.

Angst vor Stürzen

Ältere Menschen haben zu Recht Angst vor Stürzen, die fatale Folgen haben können: Die Knochen brechen leichter; sie heilen langsamer; nach einer längeren Ruhezeit erlangen die Verunglückten nur mühsam wieder ihre alte Muskelkraft, Beweglichkeit der Gelenke und Mobilität. Dasselbe gilt für den Zustand nach einer Operation oder einer längeren Krankheit. So fürchten sich ältere Menschen vor dem Sturz, den ein jüngerer Mitmensch vielleicht mit einem kleinen blauen Fleck überstehen würde.

So hat der ältere Mensch zum Beispiel durch seine Sehschwäche die kleine Teppichfalte nicht erspäht, sein leicht nachziehender Fuß bleibt daran hängen, die Nerven melden diese Situation leicht verzögert dem Gehirn, das nun versucht, seine wichtigen Meldungen zu verbreiten: den anderen Fuß auch vermehrt anzuheben, das Gewicht zu verlagern mittels längst vergessener Muskeln; eben noch Geradehalten der Tasse mit heißem Tee und Griff mit der freien Hand nach einer erspähten, rettenden Stuhllehne, die sich jedoch leider als unzuverlässige Stütze erweist. So stürzt der Unglückliche doch zu Boden, die Gelenke müssen schmerzhaft der Bewegung nachgeben. Das Gehirn registriert die Abwärtsbewegung; es versucht sich daran zu erinnern, welche Muskeln vor undenklichen Jahren – im Kindesalter bei damaligem Gewicht und Größe – geschickterweise angespannt wurden. Gehorchen sie noch ihrem Herrn? Der liegt schon darnieder, die empfindliche Knochenhaut wird nur unzureichend durch die dünne Muskel- und Fettschicht geschützt. Die spröderen Knochen splittern leicht. Das Unglück ist geschehen!

Nur ständige stetige Bewegung auch in Begleitung kann unseren Bewegungsapparat ein wenig schulen, ältere Menschen aber nicht vor einem Sturz völlig bewahren.

Gefährliche Momente sind die, wenn ältere sehbehinderte Menschen vom Sessel oder noch gefährlicher des Nachts vom Bett aufspringen, um – häufig auch noch bei unzureichender Beleuchtung – in Richtung Toilette zu hasten. Ideal wäre hier der *rechtzeitige* Gang! Ansonsten lieber mal frische Unterwäsche als unter Schmerzen ein neues Hüftgelenk! Vorsicht ist geboten! So lassen sich beispielsweise die häufigsten Wege in der Wohnung gleichmäßig ausleuchten, nicht durch eine einzige hell leuchtende (blendende) Strahlenquelle mit vielen kleinen dunklen Restwinkeln und einem plötzlichen Schritt ins Dunkle. Viele kleine Bodenunebenheiten lassen sich ebenfalls auf den häufigsten Wegen beseitigen, zum Beispiel, indem der Teppich oft nur wenig verschoben wird oder indem die Sitzgruppe mit dem Lieblingssessel ihren Platz wechselt.

Außerdem vermögen kleine, aber ausgesprochen praktische Handläufe in Bad und Toilette der Sicherheit zu dienen. Auch ein praktischer Toilettenaufsatz bewahrt vor der langwierigen Quälerei, sich von der Tiefe wieder emporzuschwingen. Ein langer Greifarm erspart das mühselige Bücken nach heruntergefallenen Gegenständen. Es sollte im Übrigen – wenn unbedingt nötig – nicht mit dem Kopf voran geschehen, sondern mit möglichst geradem Rücken und Hals und nur mit gebeugten Knien und Knöcheln. So kollidiert die Nase oder die empfindliche Lippe nicht mit der harten Tischkante!

Das Auftreten mehrerer Krankheiten gleichzeitig veranlasst viele ältere Menschen zur Einnahme einer ganzen Reihe unterschiedlicher Medikamente. Diese können die Grenze zwischen ihren Nebenwirkungen, ihren Wechselwirkungen und einer neuen Erkrankung verwischen, so auch bei einem nachlassenden Sehvermögen. Die häufige Frage im Alter ist berechtigt: Schadet dieses Medikament meinen Augen, den Muskeln, der Koordination? Welche positive Nebeneffekte hat das Medikament? Manches Mal ist die Nutzen-Schadens-Bilanz ausgesprochen schwierig. Selbst ein Arzt muss sich zuweilen erst mit einem Spezialisten beraten. Jeder sollte sich trauen, diese Fragen zu stellen!

Die geistige und seelische Verfassung

Ältere Menschen wirken oft müde, ohne inneren Schwung, ohne Neugier auf etwas Neues. Sie haben sich im Laufe vieler Jahre immer wieder auf wechselnde Lebensbedingungen einstellen müssen; nun scheint es genug zu sein! Endlich möchten die Früchte all der Mühen genossen werden; selbst das »Einfahren der Ernte« sollen jetzt andere für sie erledigen, gemäß den Vorstellungen vieler vom Generationenvertrag.

Für diese Art des Erlebens kann es ganz unterschiedliche Ursachen geben:

Der eine fühlt sich vielleicht jetzt vom Leben endgültig betrogen. Nun als Rentner hätte er doch endlich die Zeit, um all den erträumten Hobbies nachzugehen, könnte viel lesen, reisen, Briefmarken sichten, Schach spielen, Enkeln vorlesen. Ohne das

Augenlicht scheint nichts zu gehen! Dabei sind doch Gehirn, Beine, Herz, Ohren, alles sonst noch ganz in Ordnung!

Ein anderer dagegen bemerkt vielleicht, wie es ihm zunehmend schwerer fällt, eine eigene Meinung zu finden und damit zu einem kompetenten Urteil zu kommen. Durch die Sehverschlechterung kann sich diese Unsicherheit verstärken. Nur die gewohnte Umgebung, das bekannte Leben, die alte Ordnung scheinen noch Halt zu vermitteln, ohne den er sich den zunehmenden Unbilden des Lebens noch weniger gewachsen fühlte. Die Änderung nur einer Kleinigkeit macht Angst, die damit verbundene Chance wird nicht gesehen, so beispielsweise Veränderungen von kleinen blindenpraktischen Handgriffen im Haushalt oder durch ein neues, angeblich so praktisches Gerät. Warum sollen die alten Formen im Miteinander nicht mehr ausreichen?

Die innere Not kann noch größer werden, wenn der Lebenspartner fehlt, der so viel Ruhe und Zuverlässigkeit ausgestrahlt hat; mit ihm wäre auch die schwere Zeit der Seheinbuße jetzt leichter zu überstehen. Heute kommen »die Jüngeren« den älteren Menschen nur immer mit ihren neumodischen Ideen und Vorstellungen. Da kann sogar die Kraft zum Widerstand versiegen; die anderen setzen ihren Kopf durch, nur leider gerade da, wo es der alte Mensch am wenigsten gewollt hat. Nun ist es zu spät. Beim nächsten Mal noch mehr Widerstand? Manchmal haben »die Jüngeren« ja (fast) Recht, denn sie verstehen heute die Welt und bestimmen damit das Leben auch der älteren Mitbürger.

Fiel es einem Menschen schon in der Jugend schwer, den Kern eines Problems zu finden, so wird sich das im Alter ohne zusätzliche Anstrengungen kaum ändern, zumal bei einer eingetretenen Sehbehinderung. Die Lebensknoten werden auch jetzt nur langsam und mühsam gelöst werden können.

Viele der heute hochbetagten Menschen haben in ihrer Jugend hart arbeiten und viel sparen müssen. Da gab es keinen Luxus, keine Sonderleistungen von »Vater Staat« wie heute das deutsche »Blindengeld« oder bezahlte Hilfskräfte aus diesem Fond, der für viele ältere spät erblindete Menschen nur eine Aufstockung der schmalen Rente bedeutet. »Taxidienste« führten doch früher auch Kinder und Nachbarn aus. Und genauso wie die Kleinsten, die *man* noch nicht allein aus dem Hause lässt, gehen alte und schwache Personen nicht mehr allein ohne Begleitung in die Welt hinaus.

Viele ältere Menschen, besonders Frauen, haben ihr Leben lang nur den gerade notwendigsten Kontakt mit technischen Geräten gehabt. Mit zunehmender Seh- und Hörverschlechterung sind sie dieser männlichen Domäne dann zusätzlich immer mehr ausgewichen. So können sie es als Zumutung erleben, mit einem blindengerechten Kassettenrecorder, mit einem elektronischen Lesegerät, mit einer Hörhilfe einschließlich der individuellen Einstellung leben zu sollen. Das kann Angst machen. Werden dann die Kinder auch noch weiterhin zu Besuch kommen, wenn nicht zum Einkaufen? Oder werden die alten Menschen einsam und allein mit ihren vielen teuren Geräten zu Hause sitzen? – Aus dem Haus trauen sie sich ja schon lange nicht mehr bei ihrem schlechten Hör-, Sehvermögen, ihrem unsicheren Gang, bei dem vielen Verkehr und angesichts der Rücksichtslosigkeit der anderen Fußgänger. Aber einen weißen Blindenstock brauchen sie doch eigentlich auch *nicht*, denn sie sehen ja noch etwas, nur nicht mehr so gut wie früher.

Was *man* hat, das hat und kennt *man*!

Und gerade, weil dieser Spruch so zutrifft, sollte zu noch halbwegs aktiven Zeiten den geschilderten Misslichkeiten ein wenig vorgebeugt und zu Angehörigen, Nachbarn, zu Gruppen (zum Beispiel in der Kirchengemeinde, in einem Verein, einer Partei, einer Selbsthilfegruppe) regelmäßig Kontakte gepflegt werden. Scheint dann der Lebenshorizont durch eine Seheinbuße enger zu werden, kann über mehr als eine Stütze verfügt werden. Aber auch diesen Kontakt zu halten, kann Kraft kosten. Doch es lohnt sich.

Blinde Frau oder blinder Mann?

In der Alterswissenschaft heißt es, dass ältere Männer im Durchschnitt aus vielerlei Gründen weniger unglücklich leben als ältere Frauen. Gilt das auch für blinde Menschen?

Die höhere Lebenserwartung der Frau lässt es unwahrscheinlicher werden, dass ein hochbetagter spät erblindeter Mann auch allein lebt; und wenn doch, so findet er noch eher Gesellschaft durch viele gleichaltrige agile Freundinnen zum Beispiel auch seiner Frau oder durch andere hilfsbereite Damen, die, selber verwitwet, nach traditionellem Rollenverständnis gerne die Vorlesepflichten und andere Besorgungen für einen alleinstehenden Mann übernehmen.

Männer finden häufig im Beruf eine gewisse Erfüllung und Befriedigung im Leben. Frauen dagegen widmen ihr Leben weniger dem Beruf, sondern eher der Familie. Sie träumen leicht davon, endlich eigenen Interessen nachgehen zu wollen, wenn die Kinder aus dem Haus sind. Bis dahin müssen die eigenen Wünsche ruhen. Ist es dann endlich so weit, ist häufig die Traumwelt so übermächtig, der Abgleich an die Realität so ungeübt, das Vertrauen in die eigenen Fähigkeiten so gering, dass die Wunscherfüllung lieber auf »morgen« verschoben wird. Das eigene Leben wird noch lange als reine Pflichterfüllung für andere gelebt. Und dann sind da ja auch noch die Enkelkinder mit ihren Wünschen, die *man* doch auch nicht so einfach abschlagen kann. Werden nun solche Frauen im Alter blind, dann sieht die Lebensbilanz meist negativer aus als die eines Mannes, der im Allgemeinen weniger seinen nicht gelebten Wünschen nachtrauert.

Grundsätzlich gilt auch für den spät erblindeten älteren Mann, dass er gewöhnlich als Hauptbezieher seiner Rente über ein höheres Einkommen als eine Frau verfügt. Er wird bei traditionellen Rollenvorstellungen früher bereit sein, Hilfe im Haushalt in Anspruch zu nehmen als eine erblindete Frau; diese tritt ihr Reich »Haushalt« nur ungern an eine dritte Person ab oder gibt es oft mit mehr Widerstand zugunsten eines Altenheimes auf.

Das Organisationsvermögen der Männer wurde im Beruf oft derart geschult, dass sie jetzt als ältere sehgeschädigte Menschen glauben, insgesamt im Haushalt und für Unternehmungen gut versorgt zu sein. Da sie aber nicht über die hauswirtschaftlichen Kenntnisse wie ihre vielleicht verstorbene Frau verfügen, ahnen sie nichts von den versäumten Pflichten, die den aufmerksamen Blicken der Töchter die Haare zu Berge stehen lassen können. Aber: Was ich nicht weiß, macht mich nicht heiß. Ihre Väter sehen die Mängel ja nicht mehr – und viele der Unreinlichkeiten fühlen sich eigentlich ganz harmlos an.

Die geschlechtsspezifischen Beobachtungen in Bezug auf die sehenden älteren Menschen scheinen sich also zu wiederholen: Männer, die im hohen Alter erblinden, scheinen im Durchschnitt unter weniger ungünstigen Umständen leben zu können als gleichaltrige spät erblindete Frauen. Ausnahmen bestätigen natürlich die Regel. Der Normalfall gilt nur für Menschen, die nicht mehr im Arbeitsprozess stehen; denn die Bilanz sieht für Männer häufig sehr viel schlechter aus, wenn sie durch ihre Erblindung aus dem Beruf gerissen werden, der für sie oft die ganze Bestätigung und Bestärkung im Leben bedeutet hat. Viele Frauen scheinen sich in ihrer Lebensmitte leichter auf die Suche nach neuen Ufern aufmachen zu können, auch mit einer eingetretenen Sehminderung.

Verwirrtheit

Wie ergeht es älteren Menschen, die erblinden und gleichzeitig an einer »Verwirrtheit« leiden? Ist ihre innere Welt so traurig und elend, wie es uns anmutet?

Solange diese Menschen ihren Zustand noch bewusst bemerken, erschrecken sie über ihre Vergesslichkeit, und die Sehminderung ängstigt sie. Außenstehende bagatellisieren oft solche Schwierigkeiten, denn auch sie vergessen ja so vieles. Doch sind sie sich stets ihres aktuellen Alters, ihres Aufenthaltsortes, eines gewissen Zeitrasters bewusst. Bei altersverwirrten Menschen geraten diese wichtigen Eckpfeiler einer inneren Orientierung ins Wanken, bevor Außenstehende es bemerken. Das macht Angst, bewirkt Ratlosigkeit und verwirrt noch mehr. Dabei vergessen diese Menschen dann leicht, wo sie Gegenstände deponiert haben oder was sie gerade getan haben. Ein sehgeschädigter Mensch verlässt sich aber ganz erheblich mehr auf sein Kurzzeitgedächtnis als ein sehender, sodass der verwirrte Sehbehinderte seinen Sehrest nicht angemessen nutzen kann und mögliche optische Eindrücke ihm das verloren gegangene abstrakte Gedächtnis nicht ersetzen können. Eine mehr als doppelte Behinderung bei vielleicht auch noch relativ geringer Einzelschädigung!

Zum Glück hat die Erfahrung in Spezialeinrichtungen gezeigt, dass diese Menschen bei zunehmender Verwirrtheit in einer anderen Zeit leben als in der Gegenwart. Meist fühlen sie sich viel jünger; sie erleben sich innerlich stark und selbstbewusst, ohne den Ideen große Taten folgen lassen zu müssen. Die Ausführung kleinster Handlungen ist für sie oft schon sehr befriedigend. Sie bewirken, dass der sehgeschädigte verwirrte Mensch sich manches Mal auch wieder als Akteur seines eigenen Daseins erlebt. Das Tätigkeitsfeld sollte kontrastreich und gut tastbar sein, ohne eine verwirrende Geräuschkulisse. In diesem Krankheitszustand verunsichern erklärende Worte nur noch mehr. Hier beruhigen Berühren, Streicheln, ein besänftigender Tonfall.

Wenn wir im Umgang mit einem verwirrten sehgeschädigten Menschen unsere Berührung nicht durch eine bewusste Lautäußerung ankündigen, kann er sich erschrecken und noch verwirrter werden. Das Dasein wird vielleicht sogar als eine einzige Bedrohung erlebt. Kommt eine Hörschädigung hinzu, wird die Situation noch schwieriger.

Der sehgeschädigte, ältere, verwirrte Mensch verliert so insgesamt früher als ein sehender seine stärkenden Orientierungspunkte im Leben und erlebt seine Welt als noch unzuverlässiger als der Sehende. Bei ausgeprägtem Verwirrtheitszustand empfindet er den blindengerechten Umgang, zum Beispiel deutliche Lautäußerung bei Betreten und Verlassen des Zimmers, als wichtiger und stabilisierender als ein jüngerer Sehgeschädigter. Gäbe es doch eine Abhilfe für diese armen Menschen!

Traurige Lebensbilanz?

Was kann nun den jüngeren, aber auch den älteren Menschen helfen, nicht nur dazusitzen und über die erlittenen »Unbilden« und eigenen »Untaten« jetzt und im Laufe eines langen Lebens zu stöhnen? Allen von uns ist klar: Wir sind Opfer so mancher Ungerechtigkeiten geworden. Ebenso haben wir Fehler im Leben gemacht. Gedanken wie die folgenden sind menschlich: »Ach, hätte ich doch dieses oder jenes besser gemacht! Hätte ich mich nicht noch mehr anstrengen sollen? Hätte ich doch die viele Arbeit anderen überlassen, dann wäre ich jetzt nicht so ausgebrannt!« Ach, hätte ..., dann wäre ich jetzt nicht blind! Ach, wäre ...! Diese Gedanken sind verständlich. Aber helfen sie heute weiter? Was hilft denn weiter?

Nur wenn bei der gegenwärtigen Bilanzierung die damaligen Begleitumstände mit einbezogen werden, kann auch im hohen Alter für die Zukunft noch etwas gelernt werden. Denn viele kleine, heute vergessene Begebenheiten haben zu dem damaligen Handeln geführt. Das kann am Lebensabend leicht in Vergessenheit geraten. Waren wir nicht auch stolz auf das selbst gebaute Häuschen? Wollten wir wirklich als Alternative in der kleinen Mietswohnung leben? Hatten wir nicht auch an unserem Jüngsten (trotz aller Arbeit) unsere Freude? Wünschten wir uns damals wirklich eine andere Wahl? Fühlten wir uns nicht auch anerkannt in unserem Beruf, trotz aller Plackerei? Faszinierte uns nicht auch der eine oder andere Mensch, von dem wir uns später so enttäuscht fühlten? Ist das Thema heute noch so aktuell?

Diese Fragen betreffen möglicherweise auch die (vielleicht

nicht völlig geglückte) Partnerwahl vor 40 oder 50 Jahren – ein Partner, der doch damals auch gefesselt hatte! Oder sie betreffen auch die Überlegungen, ob man zum Beispiel jetzt im hohen Alter als hochgradig sehbehinderter Mensch wirklich noch ein Auto besitzen und es noch einmal fahren sollte. Früher geschah dies mit Begeisterung, sogar noch schwerst sehgeschädigt! Zum Glück ging alles immer gut. So manches »Hätte! Wäre!« ist im Alter schließlich gar nicht mehr das Thema.

20
Seh- *und* Hörbehinderung

Was geschieht, wenn ein zuerst sehgeschädigter Mensch zusätzlich noch eine Hörminderung erlebt oder auch in umgekehrter Reihenfolge (zuerst Hör-, dann Sehschädigung)? Oder gar eine Gehbehinderung hinzutritt?

Der zuerst nur hörbehinderte Mensch

Es gibt viele medizinisch wohl bekannte Erkrankungen, bei denen zuerst eine Hörminderung beobachtet wird und sich dann im Laufe der Jahre allmählich in zunehmendem Maße auch eine Sehschädigung bemerkbar macht, zum Beispiel beim Usher-Syndrom. Beide Sinnesschädigungen können aber auch aus den unterschiedlichsten Gründen im Laufe eines langen Lebens unabhängig voneinander auftreten, besonders häufig im Alter.

Der zuerst nur hörgeschädigte Mensch hat vielleicht nicht nur die Gebärdensprache erlernt, sondern bei einem kleinen Hörrest im Laufe der Zeit auch gelernt, die Geräuschquelle mit den Augen zu suchen und, die Ohren gespitzt, sich sehr auf die Lippenbewegung seines Gegenübers zu konzentrieren; so hofft er meist mit Erfolg auf möglichst geringen Informationsverlust. Die Mitmenschen haben sich im Laufe der Jahre darauf eingestellt, den hörbehinderten Menschen beim Sprechen bewusst anzusehen und vielleicht etwas langsamer, aber auf alle Fälle mit deutlicher Lippenbewegung zu reden. Sein Interesse für den Gesprächsstoff ist an der lebhaften Mimik zu beobachten. Die kleine Mühe wird durch seine präzisen Antworten belohnt. Je nach Grad der Vertrautheit kann der Blickwinkel des Hörgeschädigten auch durch feinste Berührungen in die richtige Richtung gelenkt werden. – Aber Vorsicht: Eine andere Person mag dies schon als eine Zumutung erleben!

Schallquellen wie zum Beispiel Lautsprecher verstärken in unserer technischen Welt ihren Informationsgehalt häufig durch Anzeigetafeln. Bei guten Augen eine gute Stütze!

So kann es geschehen, dass der hörgeschädigte Mensch in der Kindheit eine gut verständliche Sprache erlernt hat, dass ihm der Gebrauch von immer besser werdenden Hörhilfen keine Schwierigkeiten mehr bereitet und dass er sich durch seine Umwelt angenommen fühlt. Die unzuverlässigen akustischen Informationen werden stets durch die Augen überprüft oder gar erst erfasst.

Treten nun Sehschwierigkeiten hinzu, so gerät dieses empfindliche Gleichgewicht aus den Fugen. Der hör- und nun zusätzlich sehgeschädigte Mensch kann nur noch mit Mühe die Lippen seines Gegenübers finden, wenn er sie überhaupt zu erkennen vermag. Die einstmals deutlichen Ampellichter geraten aus den Augen – der Verkehrslärm ist und war noch nie eine verlässliche Hilfe. Die Schallquelle kann nur sehr ungenau geortet werden. Der hör- und jetzt auch sehgeschädigte Mensch wird durch das plötzliche Ansprechen einer dritten Person direkt vor ihm auf der Straße überrascht, er taucht wie vom Himmel (oder aus der Hölle?) unvermittelt auf – kein Laut hat ihn verraten, kein Blick ihn erspäht.

Selbst die geliebte Runde der vertrauten Freunde ist erst einmal schwierig, denn der Sprecher kann nicht durch schnelles Spähen ausfindig gemacht werden. Alle scheinen unverständlich durcheinanderzusprechen. Der Hör- und jetzt sehgeschädigte Mensch zieht sich zunehmend aus der Gesellschaft in seine eigene Welt zurück, das Leben wird traurig und einsam. Oft scheint es in dieser Welt sogar nicht einmal mehr die Energie für Zorn über die »Ungerechtigkeit« des Lebens zu geben. Entsprechend mühselig kann der Prozess der Auseinandersetzung mit den Lebensschwierigkeiten werden.

Was aber tun? Für den Rest des Lebens stets auf einen »Vermittler« zur lebendigen Welt angewiesen sein? Nein! Diese Menschen brauchen ein besonderes Einfühlungsvermögen, um sie vielleicht zu ersten stärkenden Handlungen, zu kleinen Freuden anzuregen. Und es gibt sie wieder! Viele betroffene Menschen leben es mir glaubhaft vor!

Diese Menschen haben es erreicht, dass ihr allgemeines Sprachverständnis und ihre Lesefähigkeit während der schwierigen Zeit der inneren Auseinandersetzung mit dem Sehverlust nicht verloren ging, sodass sie heute zu vielerlei Aktivitäten in der Lage sind. Oder haben sie – in den Augen einiger Außenstehender viel zu früh, ihre Krankenkasse ausnutzend – viel zu teure akustische und optische Hilfsmittel eingesetzt, während sie in den Augen Überbesorgter viel zu spät handeln? Diese Vorwürfe dürfen gewiss nicht erhoben werden. Denn eine hochtechnisierte Hörhilfe mit ausreichender, frühzeitiger individueller Einweisung in ihren Gebrauch, neuerliche Hörschulung, dann bald Unterricht in Orientierung und Mobilität für die täglichen Wege und nicht zuletzt eine ganz individuelle Schulung des Sehrestes vermögen Halt in der verunsichernden Wahrnehmung der Umgebung zu geben. So kann die Umwelt als weniger bedrohlich erfahren werden. Je früher, desto besser!

Der Wechsel von der Zeitungslektüre zum Radio als Informationsquelle ist mit anderen Schwierigkeiten verbunden, vielleicht auch mit Ärger durch die lärmbelästigten Nachbarn. Der Kassettenrecorder für das bei vielen blinden Menschen so beliebte »Hörbuch«, die sprechende Uhr ebenso wie die Sprachausgabe eines elektronischen Lesesystems sind alles Hilfsmittel, die mit äußerster Sorgfalt und Geduld auf ihre individuelle Hörtauglichkeit einschließlich Kopfhörer ausprobiert werden müssen. Viel Zeit und ein ruhiger Raum sind dafür nötig. Es lohnt sich!

Der zuerst nur sehgeschädigte Mensch

Anderen Menschen widerfährt es, dass sie seit ihrer Kindheit oder auch im Erwachsenenalter sehgeschädigt sind und es dank besonderer Anstrengungen auch erreicht haben, mit einer gewissen Zufriedenheit ihr Leben hinzunehmen. Sie haben (hoffentlich) gelernt, die verbleibenden Sinne zu nutzen, um die Umwelt zu erleben, beim Gehen in den eigenen vier Wänden, im öffentlichen Raum, bei hauswirtschaftlichen Tätigkeiten, beim Kassettenlauschen, beim Telefongespräch, durch das sie dringende Informationen einholen oder Helfer organisieren; oder auch beim Lesen der Blindenpunktschrift, bei einem gewandelten Hobby, beim Tasten am bekannten Geldautomaten, auf der Suche nach dem Duft des Friseurs.

Da geschieht es (natürlich plötzlich), dass Hörschwierigkeiten auftreten. Einer der bisher wichtigsten Sinne droht seinen Dienst aufzukündigen! Es naht eine wahre Revolution im Leben!

Der zuerst nur sehbehinderte Mensch glaubt jetzt bei zusätzlicher Hörschädigung in einer erlebnisarmen Welt dahinzuvegetieren. Kein raschelnder Stoff erzählt ihm etwas von kommenden oder gehenden Gesprächspartnern, kein Echoschall berichtet ihm Bekanntes über die räumliche Umgebung, kein Trippel-Trappel von hilfreichen Mitmenschen, die er ansprechen könnte; es scheint keine zuverlässigen Informationen über den Einstieg von Bus oder Bahn zu geben. Eine Hörhilfe hilft anfangs nur unzureichend, da sie zumindest zu Beginn so ungewohnt wenig beim Stereo-Hören hilft. Das schwarze Loch, in das dieser Mensch zu fallen droht, erscheint ihm besonders tief und dunkel. Es erfordert eine ungeheure Kraft, um da herauszufinden. Sie scheint nie gänzlich auszureichen; allzu leicht droht er wieder zurückzugleiten.

Auch hier ist es ausgesprochen wichtig, dass weder das Sprachverständnis noch das Lese- und Orientierungsvermögen verloren gehen. Sonst ist wirklich das menschenwürdige Dasein bedroht! Nach individueller Anpassung und ausreichender Schulung tragen rechtzeitig eingesetzte Hör- und Sehhilfen bester Qualität dazu bei, die Wahrnehmungsdefizite abzumildern. Pauschallösungen so mancher Krankenkassen sind häufig ungenügend. Hier muss jeder Patient gegenüber seiner Krankenkasse seinen »Anspruch auf Einzelfallentscheidung« vertreten.

Wenn hauptsächlich die Hörwahrnehmung nur eines Ohres betroffen ist, zum Beispiel nur rechts oder nur links, so muss das Radiohören oder das Telefonieren nicht als wesentlich eingeschränkt erlebt werden. Hier behindert den sehgeschädigten Menschen mehr das unzuverlässige Orten einer Schallquelle. Es ist, als lebte er mit einem Quadrophoniegerät, bei dem nur ein einziger, aber stets wechselnder Lautsprecher funktionsfähig ist. Die andersartige Tonqualität des Hörgerätes hilft lange Zeit nur unzureichend, die Schallquelle exakt auszumachen. Da muss das Gehirn den Fehler Zeit immer wieder geduldig registrieren, bis es beginnt, die neuen Informationen endlich korrekt einzuordnen. Wie schnell kann da Verzweiflung aufkommen!

Solange der jetzt auch einseitig hörgeschädigte Mensch noch nicht zuverlässig gelernt hat, den Kopf mit dem funktionsfähigen Ohr ganz automatisch immer wieder wie eine Suchantenne lauschend auszurichten, solange die Höreindrücke über das Hörgerät nicht ausreichend integriert sind, sind nicht nur praktische Fähigkeiten behindert, zum Beispiel die Position eines Fensters auszumachen. Durch die ungewohnte Schwierigkeit, eine vielleicht auch gefährliche Schallquelle auf der Straße nicht korrekt orten zu können, ist auch die körperliche Sicherheit wieder in Frage gestellt wie am Anfang, bevor die allgemeinen Mobilitätsregeln für die Sehbehinderung im öffentlichen Raum erlernt worden waren.

Und doch gibt es auch hier wieder ein Leben mit Sonnenschein und Wohlbefinden, so unglaublich dies auch zeitweise erscheinen mag! Viele Veränderungen und der Mut zur Technik mit ihrer verstärkenden Akustik machen das möglich, zum Beispiel die individuell angepasste Hörhilfe für das Ohr, ein Telefonverstärker, eine lautere Haus- und Wohnungsklingel und viel Übung beim Gebrauch.

Dank der guten technischen Hilfsmittel kommt es selten vor, dass ein im Erwachsenenalter sinnesbehinderter Mensch das Lormen, die Kontaktsprache Taubblinder, erlernen muss. Bei Kindern trifft dies häufiger zu. Durch die frühgeborenen Kinder, die dank des medizinischen Fortschrittes überleben, aber geschädigt sind, nimmt ihre Zahl zu. Diese Kinder leiden häufig zusätzlich an Störungen der Muskelspannung und bedürfen einer ganz besonderen Förderung auf den unterschiedlichsten Gebieten.

So wie sehgeschädigte Menschen durch eine zusätzliche Abhängigkeitserkrankung oder durch eine Verwirrtheit früher als der sehende Nachbar behindert werden, so schränken auch jede Art von weiterer Sinnesschädigung oder eine Gehbehinderung sie erheblich mehr ein, als es die Einzelwerte bei einer medizinischen Prüfung glauben machen wollen. Das einst mühsam erreichte Gleichgewicht scheint durch die Zusatzbehinderung wie weggefegt!

Das deutsche Pflegegeld wird dieser Tatsache gegenüber den »Nach-dem-Gesetz-Blinden« mit dem Blindengeld für blindenbedingte Mehraufwendungen nicht gerecht. Darunter leiden besonders ältere Menschen mit einer relativ geringen Altersrente und ihren vielen gesundheitlichen Einschränkungen, durch die sie ihre Gewohnheiten immer wieder auf den Prüfstein stellen müssen.

21 Hilfen und Hindernisse bei besonderen Persönlichkeitsstrukturen

Welchen Einfluss haben bestimmte Charakterzüge darauf, wie leicht, beziehungsweise mühselig ein sehgeschädigter Mensch sein Leben meistern kann?

Jeder von uns verfügt über verschiedene Persönlichkeitsanteile in einem unterschiedlichen, völlig individuellen Gemisch. Manche der Grundzüge unserer Persönlichkeit können uns in der einen oder anderen Lage helfen, uns dann aber auch einmal behindern. Zum Glück ist das Leben ja meistens bunt. Dominiert sehr eindeutig eine einzige Kategorie, dann können wir an dieser Einseitigkeit leiden. Im Leben eines sehgeschädigten Menschen, an dessen psycho-soziale Alltagsfähigkeiten und -fertigkeiten größere Anforderungen gestellt werden, zeigen sich diese Hilfen und Hindernisse besonders. Hier einige Beobachtungen dazu:

Der große Einsame

Es gibt Menschen, die sich dadurch auszeichnen, dass sie nach außen eher kühl, distanziert und ohne deutliche Gefühlsäußerungen wirken; sie handeln selbstständig und unabhängig, scheinen niemanden zu brauchen; sie sind stets kritisch wach, können ihre eigene Meinung unbestechlich vertreten; durch ihre scharfe Beobachtungsgabe lassen sie sich nur schwer oder gar nicht täuschen. In ihrem Inneren aber sind sie scheu, sehr sensibel und oft »mimosenhaft« empfindlich.

Für derartig scheue Menschen wird die Welt schon als Sehende leicht blass und farblos; innere Bilder und Empfindungen können wichtiger werden. Sie haben dabei nicht immer ein zuverlässiges Gespür für die kleinen Annäherungsschritte bei einer menschlichen Begegnung. Blinde Menschen erleben diesen Mangel noch gravierender, da die sehenden Gesprächspartner so viele optische Signale aussenden, die sie als Blinde auf anderem Wege erahnen müssen. Leben sie dann auch noch hauptsächlich unter sehgeschädigten Menschen, erleben sie nur selten eine adäquate Antwort darauf, wie sie selbst optisch zu wirken glauben. Sie spüren diesen Mangel jedoch dank ihrer großen Sensibilität, vermögen ihn aber nicht zu beheben und vermeiden deswegen häufig einen engeren Kontakt zu anderen. Die Folge kann vermehrte Unsicherheit im Auftreten oder ein Rückzug sein.

Diese scheuen Menschen vertreten nach außen hin häufig den Standpunkt, dass sie keine Angst kennen, weder vor Ungeschicklichkeiten noch vor Gefahren noch vor der Einsamkeit. Das kann diesen Menschen, wenn sie blind sind, helfen, zum Beispiel den einsamen Gang per Stock durch eine Menschenmenge als weniger einsam zu erleben. Aber ihre tief verwurzelte Scheu vor menschlicher Nähe, vor engem Kontakt, den sie als blinde Personen häufiger erleben, lässt sie auch vor einem Hilfsangebot leichter zurückschrecken und somit eher in der Einsamkeit verharren. Ein Blindenführhund kann sie das Ausmaß an gewünschter Selbstständigkeit leben lassen, zusammen mit dem ersehnten Grad an Liebe (zu einem treuen Tier).

Beim Durchleiden einer Panne kann für einen sehbehinderten Menschen die Fähigkeit Gold wert sein, Gefühle abstellen zu können, sich auf reine Höflichkeitsrituale zu beschränken. Die damit verbundene Unfähigkeit, gefühlsgeprägte Wünsche zu äußern, kann für diese einsamen Menschen jeden Kontakt erschweren; der Helfer wird so oft wie aus der Ferne erlebt. Und plötzlich scheint er dann den nötigen individuellen »Sicherheitsabstand« nicht mehr zu wahren.

Dass diese scheuen Menschen viele ihrer geplanten Unternehmungen genau vorüberlegen und dann im Nachhinein nochmals im Geiste durchgehen, kann für ein Lernen durch Erfolg und Irrtum als sehgeschädigter Mensch sehr nützlich sein. Dabei bleibt allerdings oft spontanes Empfinden und Handeln auf der Strecke. Gleichzeitig werden bei derart einsamen Menschen »kleine Überraschungen« überbewertet, können stören und zu unangepasstem Verhalten führen; so kann ein solcher Mensch beispielsweise plötzlich mit dem stabilen Langstock auf einen auf dem Fußweg parkenden Wagen eindreschen.

Schon bei sehenden Menschen dieser Persönlichkeitsstruktur findet der Beobachter vermehrt eine Unfähigkeit, mit praktischen Dingen des Lebensalltags zurechtzukommen. Um wie viel fataler kann sich dieses Unvermögen bei blinden oder hochgradig sehbehinderten Menschen auswirken, wenn sie in ihrer Jugend nur wenig Ausgleich für ihre dominierenden Interessen an eher abstrakten Beschäftigungen haben ausleben können (gemeint sind auch durchaus blindenfreundliche Betätigungen, z.B. Computerbenutzung und das Funken).

Bei sehenden Menschen mit vorherrschend scheuer Persönlichkeitsstruktur findet der scharfe Beobachter vielfach Störungen der Haut, des Geruchssinnes, des Gleichgewichts, der körperlichen Sensibilität. Um wie viel mehr können sich blinde Menschen dadurch beeinträchtigt fühlen! Ihr Gefühl der inneren Leere kann sich verstärken, sie werden zu Sonderlingen, die sich auf ihre technischen Geräte oder die Natur konzentrieren und nur zu wenigen Mitmenschen Kontakt unterhalten.

Der Warmherzige

Manche Menschen haben eine besondere Fähigkeit, sich in ihre Mitmenschen einzufühlen, sich ihrer annehmen zu können, fürsorglich, warmherzig, geduldig zu sein, wenig egoistisch, schlicht, anspruchslos, anhänglich in ihren Gefühlsbeziehungen. Sie können humorvoll ein gesundes Gegengewicht zu den erlebten Entbehrungen entwickeln. Sie leisten leichter als viele ihrer Mitmenschen ohne Bitterkeit Verzicht und können sich dadurch auch leichter harten Lebensbedingungen anpassen. Dies lässt sie zu hilfsbereiten Mitmenschen werden, von denen wir alle sicher schon einmal profitiert haben.

Diese warmherzigen Menschen leiden häufig besonders unter der möglichen Kehrseite ihres Charakters: nämlich unter ihrer Unentschlossenheit, und dass sie sich nicht trauen, Ansprüche zu stellen oder entschlossen zu handeln. Für den blinden Menschen ist dies äußerst hemmend. Denn er sollte seiner Umwelt gegenüber seine Wünsche und Bedürfnisse klar, präzise, und angemessen äußern. Er kann sonst seine realen Chancen nur sehr schwer wahrnehmen.

Viele Warmherzige meinen aber unbewusst, die Hilfe oder doch zumindest die Gegenwart eines Mitmenschen unbedingt zu brauchen, und fühlen sich ohne diesen Beistand einsam und verlassen. So mangelt es ihnen oft nach außen an gesundem Selbstvertrauen und positivem Selbstwertgefühl. Sie haben nur geringe Eigeninitiative. Dadurch kann es geschehen, dass sie in Abhängigkeit bleiben, geradezu vermehrt die Nähe eines anderen suchen und sich dann an ihn klammern aus Angst, ihn zu verlieren. Oft klammern sie sich auch an einen Gegenstand, der ein unsichtbares Band zu dieser Person herstellen soll. Sie fürchten ein Dasein allein ohne den anderen.

Jeder sehgeschädigte Mensch erlebt in seinem Leben einfach häufiger als ein Sehender Situationen von Einsamkeit, zum Beispiel in einer Menschenmenge, im Café, an der Ampel wartend, da der auf Distanz verbindende Augenkontakt fehlt – um wie viel schlimmer müssen derartige Situationen dann für unselbstständige blinde Personen sein! Unsere Mitmenschen verpflichten sich nur zeitweise gerne, uns zu helfen, dann wünschen sich die meisten auch wieder ihre Freiheit zurück und beginnen den unselbstständigen blinden Menschen vielleicht sogar zu meiden. Dieser fühlt sich dann doppelt von der Welt verlassen.

Diese Warmherzigen, ihrerseits stets hilfsbereiten Menschen

lassen sich leicht überfordern, da sie immer meinen, sich nicht verweigern zu dürfen: Für sie können nicht nur Personen, sondern auch Gegenstände Forderungen stellen. So glaubt die Hausfrau, auch als Sehbehinderte den Haushalt selbst erledigen zu müssen. Ein Helfer, der nicht aus der Familie stammt, sondern aus dem Blindengeldfond bezahlt wird, darf gar nicht erst erwogen werden.

Die gestauten Wünsche können für diese warmherzigen Menschen so übermächtig werden, dass sie vor so vielen Versuchungen die »Augen verschließen müssen«. Die Welt eines erblindeten Menschen, die nach landläufigen Vorurteilen »eng, grau und farblos« ist, kann dann mit ihren echten Reizen nicht mehr erlebt werden. Diese sehgeschädigten Menschen werden doppelt blind, eben auch für positive Möglichkeiten. Ein Teufelskreis innerhalb der »bösen« Welt der Sehenden.

Diese warmherzigen Menschen vertreten stärker als viele ihrer Mitmenschen die Vorstellung, dass der andere ihnen das geben muss, was sie entbehren. Sie tragen dann besonders hohe Ansprüche in sich, die unausgesprochen, ohne laute Forderungen an den Partner gerichtet sind, und möchten auf allen Gebieten wie ein Kleinkind mütterlich versorgt werden. Diesen immensen Erwartungsansprüchen kann nur selten Genüge getan werden. Deswegen kann das Leben nur zu einem einzigen Verzicht, einer Aufopferung werden. Diese Einstellung kann zur Lebensphilosophie werden und auch in Selbsthilfeorganisationen ausgelebt werden.

Eine solche innere Haltung lässt zu Zeiten einer wesentlichen Sehverschlechterung aus einer grundsätzlich schon perspektivisch dunkleren Lage eine Situation werden, die von Hoffnungslosigkeit geprägt ist. Ein Ausweg ist wirklich ausgesprochen mühselig, besonders wenn körperliche Beschwerden hinzutreten, hier häufig solche im Bereich des Mundes, Halses oder Magens. Tabletten mit einem Abhängigkeitspotenzial oder Alkohol sollen nach unbewusstem Empfinden der betroffenen Person den Wunsch nach fürsorglicher Betreuung ersetzen. Das Ergebnis ist eine noch größere Passivität.

Der Ordentliche

Andere Menschen wieder zeichnen sich durch Verlässlichkeit aus, durch Ordnungssinn, Stabilität im Laufe des Lebens, Korrektheit und Verantwortungsbewusstsein sowie durch Ausdauer im Handeln, Denken und Empfinden.

Diese Eigenschaften geraten oft – auch bei vielen sehenden Menschen dieser Kategorie – in Konflikt mit einer gewissen Trägheit durch die Unfähigkeit zur Spontaneität, was auch eine lebendige Beziehung zu ihren Mitmenschen und zu Dingen erschwert. Derart korrekte blinde Menschen werden durch die Überschaubarkeit ihres Handelns allerdings mehr belohnt als ihre sehenden korrekten Mitmenschen. Viele ihrer Unternehmungen werden durch präzise Planung für sie erst möglich. Spontane Entschlüsse oder außerplanmäßiges Erleben scheinen da häufig keinen Platz zu haben. Wenn dann auch noch »Pannen« geschehen, verstärkt sich für diese ordentlichen blinden Menschen die Ungewissheit, in der sie fürchten leben zu müssen. Das lässt für sie jedes Unternehmen zu einem Glücksspiel werden. Dieses Glücksspiel, unabhängig von seinem Erfolg, bestätigt sie in ihrer Überplanung und belohnt nicht die Spontaneität. Dadurch ist aber ihre Lebendigkeit kaum noch gefragt.

Ihre Prinzipientreue kann es erschweren, spontan neue Handlungen auszuprobieren, die vielfach vorher nicht durchdacht worden sind. Auch Empfindungen bei neuen, bisher ungewohnten Unternehmungen in Betracht zu ziehen, macht eher Angst. Vernünftige Erklärungen müssen oft als äußere Begründungen für das starre Tun herhalten. Wenn junge blinde Menschen ihre Umwelt in allen Richtungen erproben und dabei an die Grenzen ihrer derzeitigen Fähigkeiten stoßen, sollten sie durchaus mit kühlem Kopfe unterscheiden zwischen eigenen Schwierigkeiten und solchen, die von außen entstanden sind. Das »Abschalten« der Gefühle während einer »Panne« kann sie eine Katastrophe unversehrt überstehen lassen. So können sie durch diese korrekte Analyse bei der nächsten Unternehmung sehr belohnt werden. Das richtige Maß an Spontaneität zu fördern, kann schwierig sein. Dies sollten die Menschen, die in der Erziehung Blinder tätig sind, stets vor Augen haben.

Praktisch jeder gerade erblindete Mensch erlebt eine enorme Belohnung, wenn er sich an seinen Ordnungssinn hält, an eine gewisse Überschaubarkeit seiner Verhältnisse. Er kann sich dadurch zuerst kleine, dann allmählich größere Freiräume verschaffen, die er dann aber wieder mit Spontaneität füllen sollte. Das heißt, er dürfte seine Lebendigkeit und innere Empfindsamkeit nicht einfrieren und nicht die Ordnung zur obersten Maxime werden lassen. Für manche sehgeschädigte Personen ist dieser Balanceakt schwieriger als für Sehende. Nur allzu leicht gerät die Lebendigkeit vor lauter Ordnung und berechenbarer Planung unter die Räder!

Diese ordentlichen Menschen leben häufig auch mit dem Anspruch, nicht nur äußerlich stets korrekt zu erscheinen, sondern sich auch so zu verhalten. Diesem Motto gemäß ist für sie grundsätzlich eine Zorneskundgebung verwerflich. Doch wie bereinigend kann sie im Leben eines blinden Menschen mit seinen vielen Enttäuschungen sein! Kein Mensch kann so viel Wut und Zorn ohne heftige Gefühlsäußerung unterdrücken. Tut er dies, können sich diese Zornausbrüche auf Kleinigkeiten verlagern, zum Beispiel, wenn die gedachten Ordnungsvorstellungen oder der Sparsamkeitssinn nicht genügend von den Mitmenschen beachtet wurden. Aber dies sind dann keine wirklich »reinigenden Gewitter«.

Durch ihren Ordnungssinn, ihre Zuverlässigkeit und die Vorstellung von der Beharrlichkeit ihres Tuns entwickeln viele dieser blinden Menschen einen besonders hohen Leistungsanspruch an sich, auch auf beruflichem Gebiet. »Ein Behinderter muss doch mehr leisten als sein nicht-behinderter Kollege!« Wer hält aber einen derartigen Druck jahrzehntelang aus? Der frühzeitige Ausstieg aus dem Beruf kann nur die Folge sein; diese Menschen erleben sich als besondere Versager.

Ihre inneren Gefühle können diese ordentlichen Menschen

nur schwer durch ihren Körper ausdrücken und finden daher auch nur schwer Entspannung. Muskelverspannungen, Verdauungsbeschwerden können die Folge sein. Da sehgeschädigte Menschen sich grundsätzlich schwerer tun, eine ausgleichende körperliche Betätigung zu finden, leiden betont »ordentliche Blinde« vermehrt an mangelnder körperlicher Spannungsabfuhr.

Der lebendig Schillernde

Menschen dieser Kategorie sind eher impulsiv, spontan, risikofreudig, neugierig, stets optimistisch. Sie sind fähig, neue Impulse zu setzen, etwas in ihrer Umgebung in Gang zu bringen. So zeigen sie eine ausgeprägte Liebe zum Neubeginn.

Schwer tun sich diese risikofreudigen Menschen mit allem Endgültigen, allem, was sie festlegt. Das geschieht nun aber bei einer Erblindung: Das bisherige Sehvermögen ist unwiderruflich verloren. Der lebendige spät erblindete Mensch wendet alle inneren Kräfte auf, um den alten (sehenden) Zustand wieder herbeizuzaubern. Er hadert oft besonders lange mit seinem Schicksal, zieht sich besonders lange und für alle Mitmenschen deutlich zurück. Er findet ausgesprochen langsam und schwer ein passendes Selbstbild für sich in seinem »neuen« Leben als blinde Person. Dabei vermögen viele Freunde ihn ohne die spontane Lebensfreude gar nicht mehr wiederzuerkennen. Früher hat er doch so viel ausprobiert!

Wenn die Lebendigkeit in Sprunghaftigkeit übergeht, dann kann das Gefühl der Sicherheit und Verlässlichkeit durch die Umgebung für eine sehbehinderte Person derart nachlassen, dass das Dasein, jedes Handeln davon geprägt ist und sich kein Selbstbewusstsein einstellen will. Das optimistisch gebaute Haus fällt allzu leicht immer wieder in sich zusammen.

Da viele dieser schillernden Menschen auf ein optisch äußerliches Leuchten und Glitzern bedacht waren und es auch heute noch sind und sie in einer Beschäftigung damit ihre Erfüllung, einen gewissen Fixpunkt im Leben gefunden hatten, können sie sich jetzt bar jeder gestalterischer Kräfte, ohne lebendige Ausdrucksmöglichkeit erleben. Sie fühlen sich stark eingeschränkt. Dank ihrer guten Vorstellungsgabe schaffen sie es aber immer wieder, enorme Luftschlösser zu bauen und sie vor sich zu sehen; das Erwachen schmerzt dann umso mehr. Ihre Ungeduld erschwert es ihnen, Ursache und Wirkung korrekt zu trennen; so kann es diesen sehbehinderten Menschen schwer fallen, aus Fehlern zu lernen.

Auch wenn so ein spontaner, neugieriger Mensch als Erblindeter ahnt, dass er sich auf eine andere Realität einlassen müsste, fällt ihm die Umsetzung außerordentlich schwer, da er immer wieder seinen spontanen Eingebungen folgt. Die Eingebung kann helfen, unkonventionelle Lösungen zu finden. Daraus kann sich aber auch ein planloser, unkonzentrierter, entmutigender Zick-Zack-Kurs in seinem Tun ergeben. Die Ursache für die Schwierigkeiten sucht er nur selten bei sich selbst, sondern eher in der »bösen« (sehenden) Umwelt.

Schon sehende besonders lebendige Menschen leiden häufig nach Enttäuschungen an vielfältigen Krankheiten. Der sehgeschädigte Mensch, der sein schillerndes Leben nur unter Aufwand von viel Kraft aufrecht zu erhalten vermag, glaubt noch leichter, dass seine Muskeln nicht mehr seinem Willen gehorchen, dass seine verbleibenden Sinne ihn täuschen, Herz oder Atem ihm stocken. Diese Empfindungen können ihm, zumal in einer unüberschaubaren äußerlichen Umgebung, Angst, ja Panik einjagen. Das kann ihn wiederum jeder Sicherheit berauben. Ein schlimmer Teufelskreis!

Ein Mensch mit einer Persönlichkeitsstruktur, die aus möglichst vielen dieser Facetten besteht, tut sich leichter, die unterschiedlichen Hürden im Leben eines Sehgeschädigten zu nehmen, als eine Person mit nur einer besonders ausgeprägten Charaktereigenschaft der beschriebenen Kategorien.

22
Stärkende Quellen

Es ist nicht zu leugnen: Die Ankündigung einer Sehverschlechterung, ihr realer Eintritt oder gar eine Erblindung führen zu einer immensen Erschütterung des gesamten Lebensgefüges und rückwirkend auch auf die engere Umgebung. Auf welche natürlichen Kräfte können wir bauen, um unser inneres Gleichgewicht wiederzufinden?

Von individuellen und weltweiten Erfahrungen

Nach einem derartigen Einschnitt in unser Leben können wir uns schwach, hilflos, machtlos, voll Zukunftsangst fühlen mit allen daraus resultierenden Veränderungen des Lebensgefühls. In früheren Zeiten gab es sicher auch solche Gefühle, wenn vielleicht auch nicht in dieser geballten Form. Damals fanden wir bewusst oder unbewusst sinnvolle wie sinnlose Auswege aus unserer bekümmerten seelischen Lage. Heute sollten wir uns an die sinnvollen, uns Stärke verleihenden Verhaltensmuster, Gefühlsweisen, Empfindungen und Fantasien erinnern und sie in der Realität auf ihre Brauchbarkeit überprüfen. Psychotherapeutisch tätige Menschen wissen sehr wohl um diese Kräfte und vermögen sie bewusst zusammen mit dem Ratsuchenden zu dessen Wohle wachzurufen. Denn ein jeder von uns verfügt über einen reichen Schatz an guten Erfahrungen!

Leider halten wir aber auch immer wieder eine ganze Palette von heute weniger passenden bis restlos unproduktiven Antworten auf die Schicksalsschläge in unserem Leben parat. So wissen wir: Holocaust-Opfer, die das Lagerleben in einem Zustand von passiver Hilflosigkeit durchlitten und überlebten, begegnen heute einer neuerlichen Erschütterung, wie zum Beispiel einer schweren körperlichen Erkrankung, ebenfalls oft mit passiver Hilflosigkeit und beleben dadurch ihre alten Ängste wieder.

Wenn wir uns durch die Seheinbuße als hilf- und machtlos erleben, können wir entweder darin verharren oder aber auch unsere Macht dem Gegenüber zum Beispiel durch Gängeln demonstrieren und so möglicherweise einen wahren Machtkampf heraufbeschwören. Es mag sein, dass wir uns im stillen Kämmerlein eingestehen können, dass die soeben empfangene Hilfestellung nicht wirklich wesentlich war, sondern nur ein Ersatz für eine ersehnte Zuwendung, aus der Angst heraus, jetzt auch noch von anderen Menschen verlassen zu werden. Derartige Motive erschweren das Zusammenleben ungeheuerlich.

In der Psychologie ist es aber auch eine alte Erfahrung, dass eine neue Lösungsstrategie für eine schwierige Situation nach erfolgreichem Erproben nun stets bewusst zur Verfügung stehen kann und sich das Repertoire der Stärken erweitert hat, sodass wir bei einer neuen Lebensschwierigkeit darauf bauen können. Und deren gibt es ja nicht wenige im Laufe von 70 oder mehr Lebensjahren. Da kann es sich lohnen, sich heute anzustrengen, um ein weiteres konstruktives Werkzeug für die Seele parat zu haben.

Wie sehen nun »Strategien« aus, die dem einen oder anderen von uns helfen können, in einer schwierigen Lage nicht zu verzweifeln?

Kleine Schritte

Ein hoher Berg kann nicht in wenigen Minuten durch einen großen Schritt bezwungen werden. Wir brauchen körperliche Ausdauer, Muskeltraining, eine gute Koordination, das Gespür für Unebenheiten und Zeit für die vielen kleinen Schritte zur eigentlichen Besteigung – dabei sollten wir eine stärkende Wegzehrung und eine passende Ausrüstung nicht vergessen.

So ist es auch mit einem Leben ohne Augenlicht. Viele kleine Fertigkeiten, Fähigkeiten, Veränderungen von Einstellungen, Erfahrungen, menschliche Begegnungen sind nötig, bis wir unser Leben mit allen Höhen und Tiefen wieder als zu uns gehörig betrachten können. Am Anfang stehen meist »Kleinigkeiten«, die aber häufig eine ganze Lawine weiterer Veränderungen auslösen. Diese Anfänge sind ganz individuell: Es kann die Begegnung mit einem Menschen mit einer ähnlichen Lebensgeschichte sein, aber auch eine gelungene Handlung. Durch eine misslungene Aktion können wir auch eine »Kurskorrektur« vornehmen. Allein ein aufmunterndes Wort kann schon einen ersten kleinen Schritt bewirken.

Es entsteht vielleicht eine neue Ordnung nach dem Prinzip: jetzt Machbares, sodann als machbar Erstrebenswertes und zuletzt aus heutiger Sicht leider nicht Machbares. Entscheidend ist, dass wir nicht mehr nur grübeln, sondern beginnen, wieder zu handeln.

Eine erste Reise in die Fremde muss ja nicht gleich allein gemacht werden. Liebe Freunde, Verwandte oder eine uns bis dahin fremde Begleitperson, über den lokalen »Tauschmarkt« gefunden, könnten uns durch ihre Begleitung vor Misslichkeiten bewahren helfen. Eine Unternehmung in eine noch aus gut sehender Zeit wohl bekannte Umgebung schafft Vertrauen für andere, größere Vorhaben. Für die Hausfrau kann es ein Erfolg sein, wieder Kaffee oder Eier kochen zu können. So sammelt sie Kniffe für das große Festmenü.

Köpfchen nutzen!

Über ein durchschnittliches Erinnerungsvermögen und eine (wenn vielleicht auch nur kleine) Gabe zum logischen Kombinieren verfügt ein jeder auf seine Weise. Bisher war ihr bewusster Einsatz vielleicht noch nicht als Stütze vonnöten. Doch im Leben mit einer Seheinbuße kann von ein wenig »Köpfchen« sehr profitiert werden. Hier ein kleines Beispiel:

Ich habe im Treppenhaus großen Respekt vor dem Absturz in den Treppenabgang, wenn ich mich in einer höheren Etage befinde. (Besonders bei niedrigen Treppengeländern in den schönen Altbauten!) Mein »Köpfchen« schickt mich dann zuerst immer ein wenig mehr zum sicheren Treppenaufgang hin. Von dort bewege ich mich in Richtung Treppenabgang, fast automatisch gleitet das Treppengeländer dann in meine Hand. Das Gefühl von Sicherheit oder von innerer Ausgeglichenheit ist die beste Kontrolle.

Andere Leser mögen vielleicht eher zu denjenigen Menschen zählen, die neue »Tricks« erfinden, damit andere sie nachmachen können. Jeder hat seine besonderen Gaben!

Wenn diese jeweilige Strategie sinnvoll erscheint, können die einen blinden Menschen von der Erfahrung anderer profitieren: Ordnung ist das halbe Leben. Wir wenden unser »Köpfchen« zur Planung einer Handlung oder Unternehmung an; dabei können wir zum Beispiel Karteikarten mit beschreibenden Wegen anlegen (in Blindenschrift oder per dickem schwarzem Fettstift). Wenn wir einmal unbekannte Urlaubsziele wählen wollen, können wir blindenspezifische Informationsstellen nutzen, zum Beispiel der Selbsthilfeorganisationen. Nach mehrfachen Kollisionen mit verschiedenen Verkehrshindernissen können wir eine anders getönte Brille in Erwägung ziehen oder unsere Stocktechnik überprüfen. Wird das Lesen mit eigener Sehkraft unmöglich, dann nutzen wir unseren technischen Verstand und satteln auf Bildschirmlesegeräte oder gar einen Computer mit Sprach- und Brailleausgabe um.

Mein »Köpfchen« malt sich für eine neue Unternehmung häufig den »größten anzunehmenden Unfall« aus. Vom ruhigen Sessel aus, mit weniger Herzklopfen, sucht es sich aber auch Auswege, die mich zumindest in der Fantasie beruhigen. Mein ewig kritischer Geist kann nach zehn Jahren meine angstvolle Fantasie beruhigen: Der GAU ist bei mir bei allen abenteuerlichen Pannen noch nie eingetreten! Ich bin bisher stets wieder heil zu Hause gelandet.

Unser »Köpfchen« sollte uns bei all seinem Planen, seiner Taktik, seinen trickreichen Strategien allerdings nicht dazu bringen, dass wir unser Gefühl, die Empfindsamkeit für uns und unsere Umwelt und unsere Spontaneität auf Dauer vernachlässigen. Denn unsere innersten Regungen sind ein gutes Barometer dafür, ob wir unser »Köpfchen« um des »Köpfchens« willen einsetzen, um mit unseren schlauen Überlegungen zu imponieren und andere Menschen damit zu gängeln, oder aber ob wir durch seinen klugen Gebrauch unser Wohlbefinden auf Dauer zu steigern vermögen.

Bewusstes Anpassen

In vielen Situationen können wir es als stärkend erleben, wenn wir fähig sind, eine bewusste Veränderung in unserem Leben vorzunehmen, indem wir unsere ureigenen Maßstäbe und Ziele überprüfen. So lebe ich persönlich heute sehr glücklich mit einer neuen Vorstellung darüber, in welcher Zeit ich welche Tätigkeiten erledigen sollte. Die großzügig bemessene Zeitspanne fürs Bügeln erlaubte es mir, die schönen Stoffe vieler Blusen tastend zu genießen. Durch die Ruhe beim Üben brachte ich es zustande, dass ich heute auch bei altgewohnter Geschwindigkeit meine Fingerkuppen noch genießerisch über Seide gleiten lassen kann. Es ist schon schwierig, jahrelang angestrebte Ziele in unserem Leben, in unserem Verhalten durch eine Erblindung eines Tages so mir nichts, dir nichts aufgeben zu sollen! Das schmerzt, verunsichert besonders zu Anfang. Aber insgesamt können wir daraus auch viel gewinnen.

Auch folgende Fragen gehören hierher: »Was können wir als blinde Menschen von unserer sehenden Umgebung erwarten? Wie können wir unsere wirklichen Bedürfnisse besser verdeutlichen?« Ebenso ist es die Frage, ob unsere Lebensplanung noch realistisch ist, beziehungsweise, ob die Mittel dafür noch angemessen sind. Statt eines Bleistifts wird heute ein dicker schwarzer Filzstift für den Einkaufszettel benutzt, weil er besser lesbar ist.

Nachdem die entsprechenden Vorurteile über Bord geworfen wurden, lebt so vielleicht ein sehgeschädigter Mensch mit einem Blindenlangstock endlich wieder auf und traut sich selbst des Nachts aus dem Haus. Ein anderer fühlt sich endlich mit seinem Blindenführhund wieder souverän und mobil, nachdem er jahrelang mit dem verhassten Langstock nur mühsam im »Schneckentempo herumkroch«. Wenn der geburtsblinde junge Mensch eines Tages dem Gegenüber die Nase hin hält – wie es unter normal-sehenden Personen üblich ist – und nicht mehr nach Blindenlogik das Ohr, erlebt er sich auch unter Sehenden plötzlich als vollwertigen Partner.

Solche Veränderungen der eigenen inneren Einstellung oder des Verhaltens können das Denken und Empfinden während der neuen, ungewohnten und bisher ängstigenden Situation positiv beeinflussen. Diese bewusste Beobachtung der Angstminderung kann zu einem Hauptfaktor für unser Wohlbefinden werden. Derartige Erfahrungen sind naturgemäß sehr individuell.

Grenzen sind dieser Strategie dort gesetzt, wo das Leben durch ständiges Verändern in einen Zick-Zack-Kurs gerät; dann kann es geschehen, dass wir die Früchte vor lauter Veränderung nicht mehr ernten können und wir resigniert wieder zu alten, vertrauten, aber eigentlich längst veralteten Mustern zurückkehren – trotz der guten Vorsätze. Schade!

Geduld!

Unter gewissen Umständen tut es uns wohl, wenn wir uns in einer unabänderlichen, heute unüberschaubaren Situation vom Grübeln lösen und die Dinge ihren Lauf nehmen lassen – nach dem Grundsatz: Kommt Zeit, kommt Rat.

So brauchen wir uns bei einer Zugverspätung nicht mehr aufzuregen; wir wissen, dass die Bahnhofsmission als unser Helfer auch über eine Anzeige der Verspätungen verfügt. Wir vermögen uns darauf einzustellen, dass eine Busfahrt durch die Stadt meistens länger dauert als die einstmals selbstständige mit dem eigenen Auto. Ein mittelgradig sehbehinderter Mann vermag heute seine kleine Leselupe noch ohne zusätzliche Tasche bei sich zu tragen. Er zerbricht sich jetzt noch nicht den Kopf, wie er möglicherweise zu einem späteren Zeitpunkt ein größeres Glas transportiert, sondern ist nur wach und beobachtet die aktuelle Herrenmode für Taschen.

Gemäß dem Motto »Geduld« vermögen wir dann häufig auch Feste so zu feiern, wie sie fallen; wir wissen um die Kräfte daraus für das Anpacken der Probleme von übermorgen, die heute aber noch nicht anstehen.

Das soll nicht heißen, dass heute notwendig zu lösende Aufgaben, die eines inneren Kraftaufwandes bedürfen, auf die lange Bank geschoben werden. Aber von dort aus mahnen sie uns dann immer wieder wie eine grinsende Fratze – wir verbrauchen sehr viel innere Energie, um an ihr vorbeizuschauen. Nein! Menschen zum Beispiel mit einer fortschreitenden Augenerkrankung könnten sich trauen zu sagen: Heute kann ich noch lesen; also nutze ich das; morgen, nach der nächsten Sehverschlechterung werde ich mich dann nach den technisch neuesten Lesehilfen umsehen; und schlechter als die heutigen werden sie bestimmt nicht. Jetzt verbringe ich deswegen aber noch keine schlaflosen Nächte.

Gesundes Faulenzen

Unter wieder anderen Gegebenheiten können wir unsere Hauptkraft daraus schöpfen, dass wir es mit Leichtigkeit schaffen, den widrigsten Problemen zeitweise bewusst aus dem Weg zu gehen; dadurch kann sich ihr Gewicht verringern und Kreativität freisetzen für einen zufriedenstellenden Ausweg. Zu einem günstigeren Zeitpunkt hat sich die schwierige Situation dann vielleicht sogar erledigt oder wir können sie dann ja auch wirklich anpacken oder ertragen sie gelassener.

Wie oft können wir Problemen ganz einfach aus dem Weg gehen, zum Beispiel einem unfreundlichen oder unpersönlichen großen Supermarkt. Was habe ich von einem großen Angebot, wenn ich dort nicht ausführlich beraten und bedient werde? Mein Ärger jedenfalls ist vorprogrammiert. Ausgesprochen wohl fühle ich mich dagegen in einem kleineren Laden mit individueller Bedienung, auch bei einem kleineren Warenangebot. Manche Menschen sind wahre Meister darin, immer wieder zur rechten Zeit die für sie passenden Kompromisse zu finden und zu diesen zu stehen.

Ein »gesundes Faulenzen« soll bedeuten, dass wir unsere Kräfte nach eigenem Ermessen einsetzen: So vermeiden wir es, mit einer fortschreitenden Augenerkrankung von einem guten Handballspieler zur absoluten Niete abzusacken; wir brauchen uns nicht bis zur restlosen Über-Erschöpfung anzustrengen. (In einem Ruderboot können wir ja auch sportlich zu neuen Ufern aufbrechen.)

Nach dieser Strategie können wir eine anstrengende Stadtbusfahrt durch eine angenehme Taxifahrt von Haus zu Haus ersetzen, solange wir die Mehrkosten klaglos auf uns nehmen; Taxifahren und das Stöhnen über hohe Unkosten angesichts von Blindengeld gilt allerdings überhaupt nicht.

Ein Faulenzen als Ausrede, um unser »Köpfchen« nicht nutzen zu müssen, ist aber »stinkefaul«!

Den Stier bei den Hörnern packen!

Es kann ungeheuer wohl tun, wenn wir uns das herausnehmen können, von dem wir glauben, dass es uns gerade gut tut. Das kann eine Ruhepause nach dem anstrengenden Stadteinkauf sein oder die Begleitung einer Hilfsperson am Bahnhof. Der stärkende Besuch an dem regelmäßigen Treffen der Selbsthilfegruppe muss manches Mal gegenüber den Ansprüchen der Familie auch erst durchgesetzt werden.

Als Mitglied im Sportverein brauchen wir im Training nicht über Unebenheiten zu stolpern. Es steht uns durchaus zu, einen uns sympathischen Mitsportler durch ein kurzes Seil an uns zu koppeln und ihn zu zuverlässigen Hinweisen auf die Bodenverhältnisse zu verpflichten. Bei mehr Übung im neuen »Zweiergespann« dient der Mitläufer dann nur noch als »Wegweiser«.

Behinderten Menschen und insbesondere Blinden kann man nach landläufiger Meinung unschwer einen Wunsch abschlagen (»Sie sind doch so arm dran!«). Aber auch vielen blinden Personen fällt es schwer, anderen aus ihrer Sicht noch Schwächeren einen Wunsch abzuschlagen. Dann gibt es wieder Menschen, die mit schlafwandlerischer Sicherheit wissen, wann sie dem Bittsteller ein »Nein« zumuten können und wann ein »Ja« allen Beteiligten gut tut.

Wichtig in diesem Zusammenhang sind deutliche Reaktionen der Abgrenzung, wenn uns Missverständnis entgegengebracht oder sogar eine Kränkung zugefügt wird. So erlebte ich zum Beispiel kurz vor einem gewichtigen Fußballspiel auf dem Bahnsteig zwischen vielen hastenden Menschen Folgendes: Ein »Herr« schob mich an meinem weißen Langstock mit den Worten beiseite: »Sch... Stock!« Ich erlaubte mir daraufhin die klare Antwort: »Sch... Mensch!«

Die Grenze für mein zupackendes Handeln sehe ich dort, wo ich beginne, die Rechte meiner Mitmenschen zu verletzen. Wenn mein Mann und ich für nur einen Tag mit der Bahn verreisen, dann parken wir nie direkt faul gleich neben dem Haupteingang auf dem Behindertenparkplatz (trotz unserer Gratiserlaubnis), sondern stets einige hundert Meter weiter auf einem größeren Parkplatz. Der nahe Stellplatz ist gut für schweres Gepäck, zum schnellen Ein- und Ausladen und vor allem für gehbehinderte Menschen.

Weise Lebensplanung

Ich habe hier bewusst nur ein sehr grobes Raster aufgeführt. Für jeden und jede von uns besteht eine ganz individuelle Mischung an Strategien, durch die wir unsere Schwierigkeiten meistern können. Im Laufe unseres Lebens haben wir als individuelle Persönlichkeiten auch ganz individuelle Erfahrungen und zusätzliche »Tricks« für die unterschiedlichsten Lebenslagen gesammelt: Der eine schreibt Tagebuch als Protokoll, um die eigene Lage klarer sehen zu können. Der andere modelliert, malt oder ist in anderer Weise kreativ tätig; in seinen Werken zeigt sich jeweils die individuelle Beschäftigung mit dem eigenen Leben und den anstehenden Themen zu gerade diesem Zeitpunkt. Wieder ein anderer musiziert oder beschäftigt sich mit diesem oder jenem.

Jeder Betroffene mag seinen ganz eigenen Lebensweg suchen und auch finden: Dem jüngeren sehgeschädigten Menschen wünsche ich die Erfüllung seiner Vorstellungen über Partnerschaft und Familie, einen ihm machbar erscheinenden Beruf. Der sehbehinderte Mensch mittleren Alters, dessen gleichaltrige Freunde sich häufig noch im Vollbesitz ihrer Kräfte fühlen, möge eine weise Entscheidung finden zwischen dem Mut zur Umschulung oder dem zur Berentung und auch bei der Suche, wie viel Leitfigur er seinen heranwachsenden Kindern sein kann. Dem älteren erblindeten Menschen wünsche ich, dass er in der Lage sein möge, einige seiner überholten Träume des Rentendaseins über Bord zu werfen, und dass er stattdessen neue finden möge, die ihn auch jetzt erfüllen.

Könnten wir es doch erreichen, dass uns für jede Situation möglichst die passendste Strategie wie von selbst zur Verfügung stünde! Wie viel leichter könnten wir ein Gleichgewicht mit uns und unserer Umwelt schaffen! Durch magischen Zauber? Nein, *wir* selbst sind gefragt!

23
Fachliche Hilfestellungen

Wie sollten sich professionelle oder halb professionelle Helfer einem verzweifelten Menschen gegenüber verhalten, der wegen einer erheblichen Sehverschlechterung oder nach der Eröffnung der Diagnose einer heute nicht heilbaren Augenerkrankung bekümmert bei ihnen Rat sucht?

Ich denke zum Beispiel an die Vertreter verschiedener Selbsthilfeorganisationen im Blinden- und Sehbehindertenbereich. Diese Menschen sind oft sehr engagiert, haben Generationen von Bekümmerten hilfreich zur Seite gestanden – so auch mir. Sie verfügen über einen reichen Schatz an gesammelten Erfahrungen. Ich möchte mit diesem Kapitel all denen einen Einstieg erleichtern, die als »jüngere Generation« bereit sind, die ältere abzulösen. Dabei klammere ich bewusst die äußerst hilfreichen Ratschläge der Peer-Counceling-Bewegung im engeren Sinn aus und verweise dafür auf die entsprechende Literatur beziehungsweise auf Anleitungen zu einer einfühlsamen Gesprächsführung.

Medizinischer Schnellkurs

Nach Eröffnung der »schlimmen Nachricht« sollten Fachleute sachlich mit dem betroffenen Menschen sprechen und keine Horrorvorstellungen schüren, sondern zum Beispiel Geschwindigkeit und Hergang eines möglicherweise fortschreitenden Krankheitsverlaufs auch mit entsprechenden Schwankungsbreiten beschreiben (wenn ihnen bekannt). Sie sollten den Ratsuchenden anregen, sich diese Information in jedem Fall beim Augenarzt zu holen, und zwar nicht erst, wenn die professionellen Helfer mit ihren Kenntnissen an Grenzen stoßen. (Aufklärung ist Arztpflicht genauso wie Patientenrecht.)

So ist bekannt, dass eine Retinitis-Pigmentosa in sehr unterschiedlicher Geschwindigkeit fortschreiten kann (von Monaten bis Jahrzehnten; langsam oder in deutlichen Schüben). Die Orientierungsschwierigkeiten, die Nachtblindheit und die Blendempfindlichkeit behindern den Betroffenen oft schon früh. Das Lesevermögen wird erst sehr spät eingeschränkt (Gesichtsfeld kleiner als 5 Grad). Eine Lichtscheinwahrnehmung ist fast immer noch möglich. Dagegen zeichnet sich eine Makula-Degeneration durch frühe Leseunfähigkeit aus, eine Orientierung im Raum ist aber sehr, sehr lange gegeben. Zwischen diesen beiden häufigen degenerativen Netzhauterkrankungen gibt es viele Zwischen- und Sonderformen, auf die ich hier nicht im Einzelnen eingehen möchte.

Vom grünen Star (Glaukom) Betroffene können medikamentös behandelt oder im Einzelfall operiert werden, eine Erblindung kann aber trotzdem im Zeitraum von Wochen, Monaten oder Jahren eintreten. Älteren vom grauen Star (Katarakt) betroffenen Menschen wird durch eine Operation häufig gut geholfen, bei jüngeren Patienten ist die Besserung oft nicht von Dauer.

Im höheren Alter oder durch eine längere »Zuckerkrankheit« kann es zu einer erheblichen Sehverschlechterung oder Erblindung kommen, ebenso durch viele andere Erkrankungen nur des Auges oder des ganzen Körpers. In der Regel ist eine Erblindung nicht mit einem Dasein im Dunklen verbunden. Diffuse, bis zu hellgrau reichende Sinneseindrücke sind sehr häufig; eine reine Schwarz-Wahrnehmung ist ausgesprochen selten.

Viele Augenerkrankungen können erblich bedingt sein. Die Vererbungsformen sind sehr unterschiedlich: Manchmal betreffen sie in jeder Generation immer wieder mehrere Mitglieder (autosomal dominant). Dann können sie ganze Generationen überspringen und erst bei Enkeln wieder auftreten (autosomal rezessiv). Ein andermal werden praktisch nur Männer betroffen (X-chromosomal gebunden). Erklärungen hierzu könnten ein ganzes Buch füllen.

Das offene Gespräch

Fachliche Berater werden kaum zu »geheimen« Mitwissern eines sehbehinderten Menschen. Der Ratsuchende kann die Verleugnung seiner Probleme vor seinem fachlichen Gegenüber nur in den seltensten Fällen aufrechterhalten. Er kann sich sogar entlastet fühlen, wenn er merkt, dass er verstanden wird und nun nicht mehr leugnen muss. Dabei ahnt der kompetente Spezialist, dass die Rolle einer relativen Offenheit für den Ratsuchenden eine neue, ungewohnte ist, häufig verbunden mit paradoxen Zuschreibungen, zum Beispiel: »Ich sehe nachts nichts mehr; aber nachtblind oder gar blind bin ich nicht.« Der professionelle Umgang mit einer solchen Situation (einschließlich des Hinweises auf die Schweigepflicht) und ein sachlicher, empathischer Gesprächston erleichtern es der sehgeschädigten Person, den verschleiernden Vorhang ein wenig zu lüften.

Ein sehbehinderter Mensch mit einem Sehrest berichtet zum Beispiel häufig von seinen Orientierungsschwierigkeiten und seinen Missgeschicken; er lässt seine Betroffenheit darüber spüren. Er wird es aber nur schwer zulassen, dass er zu den »gesetzlich-blinden Menschen« gerechnet wird, weil er doch noch etwas sehe. Es ist wohl wahr: »Der Einäugige ist der König unter den Blinden.« Aber ohne korrekten Hinweis auf seine Sehschwierigkeiten ist ein solcher sehschwacher Mensch im öffentlichen Raum für die möglichen Folgen verantwortlich, die aus seiner Sehbehinderung resultieren. Darauf muss der Berater hinweisen, so sehr dies auch den Ratsuchenden verletzen kann. Bei einem zufälligen Missgeschick im Straßenverkehr erkennen wir einen solchen sehschwachen Menschen daran, dass er erklärt, er sehe sehr schlecht oder gar nichts; praktisch niemals wird er sagen: »Ich bin (nach dem Gesetz) blind.«

Keine Angst vor unseren Gefühlen!

Während der Zeit, die von der Rebellion gegen die Sehbehinderung dominiert wird, wirbelt dem sehgeschädigten Menschen vieles durch den Kopf: Zorn gegen das Schicksal, die Frage nach der Schuld, der fixe Gedanke an den letzten rettenden Strohhalm.

Schwierig wird es, wenn die sehbehinderten Menschen, aus welchen Gründen auch immer, ihren Gefühlen keinen Raum geben dürfen, zum Beispiel weil »man« nicht mit Gott hadert, weil »man« nichts Schlechtes über Tote redet, die ihnen aber ihre Gene vererbt haben; weil man auf ein unschuldiges Kind, zumal wenn es (seh-) behindert ist, nicht böse sein darf. Im professionellen Gespräch sollte darüber gesprochen werden können, auch wenn der »Profi« noch so friedliebend ist. Fällt die Schranke des Schweigens, können wir alle nur staunen, welche Gedanken und Fantasien dann bei Laien und selbst bei den »Profis« zu Tage treten. Diese geheim gehaltenen Ängste ins Bewusstsein geholt zu haben, bedeutet auch, sie ihrer magischen Macht berauben zu können. Wie viel mehr Gewicht haben diese Vorstellungen erst beim gerade vom Schicksal getroffenen Mitmenschen!

Zuhörer sollten deswegen mit den eigenen Gefühlen wohl vertraut sein, um angesichts der realen Gefühlsrebellion des Betroffenen nicht selbst in Panik zu verfallen. Sonst kann es leicht geschehen, dass Helfer und Hilfesuchender sich brüderlich in der Meinung vereinen: »Die sehende Welt ist schlichtweg böse!« Dann haben die anderen den schwarzen Peter, sie selbst sind arme Opfer.

So sollte es keine Tabuthemen für den Ratgeber geben wie zum Beispiel auch die Frage, ob der verzweifelte sehgeschädigte

Mensch schon einmal daran gedacht habe, sein Leben zu beenden, und wenn ja, ob er eine Idee habe, wie das geschehen solle. So etwas setzt auch für den Helfer eine Auseinandersetzung mit dem eigenen Lebenssinn voraus. Der Ratsuchende darf auf keinen Fall eine Verurteilung seiner Gedanken verspüren, der Helfer sollte einfühlsames Verständnis zeigen, braucht aber auch mit seiner persönlichen Meinung nicht hinterm Berg zu halten.

In dieser Zeit der inneren Auflehnung sollten fachliche Berater auch wach sein und einen möglichen Suchtmittelkonsum ansprechen. Die Gefahr für vermehrten Alkoholkonsum ist groß, weil der sehgeschädigte Mensch glaubt, die Rebellion seiner Gefühle nicht aushalten zu können, hat er so etwas doch noch nie bei sich erlebt. Suchtmittel lösen jedoch keine Probleme. Ärztlich verordnete Medikamente können für einen Zeitraum von Wochen die Situation erleichtern, dann sind aber wieder die eigenen Kräfte gefragt.

Manche sehgeschädigten Menschen versuchen, ihren unerträglichen Zorn durch eine unendliche Güte, Geduld, Mitleid und grenzenlose Hilfsbereitschaft anderen gegenüber zu bannen, auch wenn der »Bösewicht« sich immer wieder zu Wort meldet.

Manchmal erscheinen diese Folgen der inneren Auseinandersetzung mit der Gefühlsrebellion (der Suchtmittelmissbrauch ebenso wie die übermäßige Güte) dem Außenstehenden als ein falscher Weg des Betroffenen. Im Inneren kann es trotzdem sinnvoll weitergehen. Was ich von der Entstehungsgeschichte so mancher Selbsthilfegruppe weiß, geht durchaus auf diese hadernden Gefühle zurück. Da werden durch die innere Not mit einem Mal neue Kräfte geweckt, aus denen Initiativen entstehen.

Daran wird deutlich, welche Bedeutung diese Zeit der Gefühlsrebellion auch haben kann, indem sie der Motor für Veränderungen wird.

Manchmal ist die Einschätzung des hadernden Menschen selbst für den Fachmann schwierig: Gibt es einen Stillstand in der deutlich gezeigten Rebellion? Wird sie unterdrückt durch Suchtmittel, falsch überspielten Zorn oder konstruktiv verwandelten Zorn? Im menschlichen Verhalten gibt es so viele Übergangsformen, dass es vor allem bei sporadischen Begegnungen im Einzelfall äußerst schwierig sein kann, ein sicheres Urteil zu fällen. Und wir alle dürfen nicht vergessen: Zorn und Wut beim jeweiligen Gegenüber zu erleben, kann viele von uns verunsichern, da die eigenen Empfindungen dieser Art mit wachgerufen werden.

Die schwarzen Löcher

Besonders berufstätige Menschen glauben häufig, sich ihre Sehbehinderung möglichst wenig anmerken lassen zu dürfen. Sie setzen sich damit unter einen enormen Leistungsdruck, indem sie Gleiches wie ihre gut sehenden, fleißigsten Mitarbeiter leisten wollen, und verfügen dann kaum noch über Kräfte, einem ausgleichenden Hobby nachzugehen, das aber oft durch die Seheinbuße auch verändert werden müsste. Die Rebellion wird darin ausgelebt, den alltäglichen Anforderungen gerecht zu werden. Merken sie dann, dass sie dem nicht mehr gewachsen sind, ziehen sie sich aus dem Berufsleben zurück. Sie erleben diesen Rückzug nicht als Entlastung vom stressreichen Berufsleben, sondern häufig als reine Kapitulation. Das tiefe dunkle Loch, in das sie fallen, ist kein stilles Kämmerchen des Rückzugs, sondern eine tiefe Traurigkeit, Apathie, Lustlosigkeit. Dazu beizutragen, dass der Bekümmerte da herausfindet, bedarf viel einfühlsamer Begleitung, die immer wieder zu einer angemessenen Anstrengung anregt. Beide Seiten müssen den Leistungsanspruch des Trauernden immer wieder überprüfen.

Wird das gesunde Aufbegehren gegen das Schicksal unterdrückt, erfolgt oft auch kein heilsamer Rückzug, sondern ein Zustand, den Mediziner mit Depression bezeichnen. Der Patient ist antriebsarm, lustlos, traurig; körperliche Beschwerden und Erscheinungen können hinzutreten, ebenso Schlaflosigkeit, Grübeleien, die nicht ausgehalten werden können. Das Leben erscheint sinnlos. Der Patient kann sich oft nicht vorstellen, dass sein jetziger Zustand etwas mit der Rebellion zu tun haben könnte, die er vermeintlich so gut unter Kontrolle gehabt hatte

Stillstand oder Weiterbewegung?

Wie lange ein sehgeschädigter Mensch von den einen oder anderen Gefühlen bestimmt wird, ist individuell sehr unterschiedlich. Ist eine Weiterentwicklung für Außenstehende nicht zu bemerken oder zeigt sich wiederholt ein Stillstand ohne »echten« Anlass (auch im Hintergrund), so gibt dies zu denken. Vielleicht bringen professionelle Kontakte zu den engsten Bezugspersonen oder eine Zeit der Bewährung allein in einem geschützten Rahmen, zum Beispiel eine Blindenfreizeit, wieder Bewegung in den Prozess. Der Grund des Stillstandes kann in einer zwischenmenschlichen Verstrickung liegen, bei der der sehende Partner, aus welchen Gründen auch immer, es beispielsweise nicht zulassen kann, dass sich bei dem Sehgeschädigten eine Selbstständigkeit entwickelt.

Neue Selbstfindung

Was können professionelle Personen tun, die selbst sehgeschädigt sind, um bei einem Ratsuchenden die Entwicklung eines neuen Selbstbildes zu fördern? Wenn sie über ein angemessen gewandeltes Bild ihrer Person verfügen und ihr Gegenüber daran teilhaben lassen, können sie durch ihre Präsenz und den lebendigen Kontakt zu dem Ratsuchenden sehr hilfreich sein. Der Austausch gleich betroffener Menschen kann Wunder bewirken, zumal wenn die »Energiespritze« dazu führt, neue Anregungen in die Tat umzusetzen.

In einem fachlich geschulten Gespräch können professionelle Berater eine neue Sichtweise der Person und der Umwelt des sehgeschädigten Ratsuchenden bestärken. Ich möchte hier eine gute Methode vorstellen, die auch persönlich zu mir, zu meinem Leben, meinem Denken, meinen Empfindungen und zu meiner Art der Lebensbewältigung passt. Ich kam damit während meiner psychotherapeutischen Ausbildung in Kontakt:

Der Patient wählt dabei etwa 15 bis 20 Bilder aus einer erheblich größeren Serie aus unter dem Gesichtspunkt: »Was passt zu mir, so, wie ich bin? Was passt dazu, wie ich gern wäre?« und schließlich: »Was passt dazu, wie ich gar nicht sein möchte?« Auch die Beziehungen zu wichtigen Mitmenschen können durch Bilder gefühlsmäßig erfasst werden. Statt sichtbarer Bilder benutze ich real tastbare Gegenstände.

Dann beginnt der Patient dazu zu assoziieren und mit seinen ausgewählten Symbolen umzugehen. Da jeder Aspekt eines Gegenstandes zumindest *ein* Gefühl im Patienten anspricht und dies wieder mit einer realen Situation aus seinem Leben in Verbindung steht, kann diese Situation über das ausgewählte Symbol angesprochen werden. Veränderungen am Symbol haben auf diese Weise Veränderungen in der Realität zur Folge. Eine Anpassung des Selbstbildes an die neue Wirklichkeit kann stattfinden. Der Patient und ich als Therapeutin stehen die gesamte Zeit in verbalem Austausch miteinander, ich kann die Aufmerksamkeit des Patienten auf Einzelheiten lenken oder auf Übergreifendes. Der Prozess erstreckt sich oft über einen langen Zeitraum. Im Alltag erprobt der Patient währenddessen seine neuen »Entdeckungen«, bis er sich wieder zufriedener in seiner »Haut« fühlt.

Beim Tagträumen in entspanntem Zustand (Katathym-Imaginativer Psychotherapie) teilt mir der Patient seine Traumerlebnisse unmittelbar mit, wir stehen die ganze Zeit in direktem verbalem Austausch miteinander. Der Patient erlebt seine Stärken und auch Konflikte entweder ganz offen oder in symbolisch verschlüsselter Form. Ähnlich wie die gegenständlichen Symbole können diese Tagträume auch über den Weg Symboltraum – Gefühl –Realität die Psyche und damit das Alltagserleben verändern.

Beide Umgehensweisen mit der Schaffung einer neuen Vorstellung des Patienten von sich selbst verlangen ein großes therapeutisches Wissen und gehören in die Verantwortung eines geschulten Spezialisten.

Aber auch ein feinfühliges, einfühlsames Gespräch mit einem professionellen Berater kann für den bekümmerten Menschen ein weiteres Mosaiksteinchen bedeuten beim Wiederaufbau des defekten »Hauses« seiner Gesamtpersönlichkeit.

24
Es gibt viel zu tun, packen wir es an!

Hier habe ich versucht darzustellen, wie das Leben eines sehgeschädigten Menschen sich sinnvoll gestalten lässt. Aber wie gelangt man dorthin? Jeder muss seinen eigenen Weg finden, und der erscheint ja so unendlich steinig. Deswegen sollte sich jeder zunächst einmal die Frage stellen: Wo drückt denn der Schuh am meisten?

Mangelt es dem bekümmerten sehgeschädigten Menschen an der eigenen Mobilität? Fühlt er sich so ungeschickt wegen der unzureichenden lebenspraktischen Fertigkeiten, zum Beispiel im Haushalt? Leidet er unter der ungeübten Form im zwischenmenschlichen Umgang? Drückt ihn der Abschied von all den geliebten Büchern nieder, von der Morgenzeitung und den Fotos? Fühlt er sich so »gläsern«, weil es so gar kein Brief- und Bankgeheimnis mehr zu geben scheint? Erlebt er sich so überflüssig im Leben, weil er seinem Beruf (in der jetzigen Organisation) nicht mehr gewachsen ist? Liegen alle Lebensgeister darnieder, weil er nur noch durch die »Blindheit« charakterisiert zu sein scheint, alle anderen Eigenschaften, die ihn ausmachten, scheinen verschwunden zu sein, so auch die eigene Würde, die Anziehung durch das andere Geschlecht. Das Bewusstsein für die eigene Individualität ist ins Wanken gebracht. Jeder der genannten Bereiche kann zu unterschiedlichen Zeiten auch immer wieder als anders betroffen erlebt werden.

Vorurteile?!

Wie kann hier Abhilfe geschaffen werden? Die Bereiche Mobilität, lebenspraktische Fertigkeiten, das schwierige Erfassen einer unbekannten Situation, der Verlust von äußeren optischen Bildern einschließlich der gedruckten Schrift sind zentrale Themen. Wir können diese Defizite durch eine Änderung unserer Sinneswahrnehmung und durch Hilfsmittel reduzieren, deren Umgang wir als blinde Menschen durchaus erlernen können. Jedoch werden wir uns in diesen Bereichen bis an unser Lebensende mit unzureichenden Fähigkeiten erleben. Eine Verbesserung könnte sich in fernster Zukunft nur durch eine funktionsfähige »Augenprothese« ergeben – wer von uns wird das wohl noch erleben!

Unsere sehenden Mitmenschen betrachten jeden, der keine gedruckte Schrift lesen kann, also »Analphabet« ist, leicht als dumm und ungebildet. Wer über keine Möglichkeit der eigenen Fortbewegung verfügt, wird schnell als nicht in die heutige Gesellschaft passend abgestempelt. Wem der Umgang mit technischen Geräten, das saubere Verzehren einer unbekannt verzierten Tellermahlzeit in einem Restaurant nicht perfekt gelingt, wird bald als tollpatschig ausgegrenzt. Wer zum Beispiel das gefährliche tiefe Loch in zwei Meter Entfernung nicht sieht und deswegen Kinder davor nicht warnen kann, gerät in Gefahr, als unzuverlässiger Partner abgetan zu werden.

Aber wer möchte freiwillig stets Gefahr laufen, als dumm, ungebildet, als nicht in die heutige Gesellschaft passend, als tollpatschig, als unzuverlässiger Partner bezeichnet zu werden, nur weil er blind ist?

Und wer von uns heute erblindeten Menschen hatte zu sehenden Zeiten allerdings nicht auch angesichts eines weißen Langstockes, einer Blindenbinde, eines Führhundes sofort die Vorstellung von einem Menschen dahinter, der neben nebulösen magischen Kräften nur über sehr ungewisse, unzuverlässige Fähigkeiten zu verfügen scheint! Unsere eigenen Vorurteile drücken uns jetzt. Angesichts so vieler offensichtlicher Defizite glauben wir jetzt auch unsererseits, jede eigene Würde, jede Art von Anerkennung durch andere, von beruflicher Wertschätzung verloren zu haben. Beim Kennzeichen »blind« scheint es unwichtig zu werden, ob die sehende Person eine sehbehinderte Frau oder einen sehgeschädigten Mann erblickt. Es scheint zweit- oder gar viertrangig zu sein, über welche Eigenschaften der blinde Mensch als Persönlichkeit verfügt. Es scheint nicht wichtig zu sein, ob er sich für Fußball, Technik oder Pferde interessiert. Als gerade erblindete Menschen schmerzen uns diese Vorurteile doppelt, gerade weil wir sie ja auch in uns tragen.

»Heilsalben« für die Wunden

Der bekümmerte sehbehinderte Mensch kann den ersten Funken Energie dazu nutzen, um diejenigen Defizite anzugehen, die abbaubar sind und die ihn am stärksten drücken, wie zum Beispiel die Mobilität, das Erlernen lebenspraktischer Fertigkeiten, der Umgang mit Lesesystemen, das Erlernen der Blindenpunktschrift. Aber vielleicht entscheidet er auch, nicht mit dem Blindenlangstock gehen zu wollen, sondern sich stattdessen für die Spaziergänge und die Pflichtwege stets eine zuverlässige Begleitperson zu suchen, sei es ein Familienmitglied, ein Nachbar oder ein bezahlter Schüler bzw. Student. Ebenso kann seine Einstellung zur Punktschrift sein oder zu dem Umgang mit elektronischen Hilfsmitteln. Wie viele kriegsblinde Menschen fanden früher ebenfalls ein ausgeglichenes Leben!

Wer schon zu *gut* sehenden Zeiten nur wenig gelesen hat, wird die Blindenschrift und elektronische Lesesysteme wohl kaum auf seine dringendste Wunschliste setzen. Er wird einer anderen Sparte der so genannten blindentechnischen Grundkenntnisse den Vorrang geben. Nur Achtung: Wer als schlecht sehender Mensch den weißen Langstock ablehnt und weiterhin allein geht, sollte sich nicht über Hindernisse auf seinem Weg beschweren!

Bei aller Suche nach Hilfsmitteln, nach bekannten und neuen Tricks, nach angemessener Unterstützung stelle ich persönlich aber leider auch immer wieder fest, dass mir Defizite im schnellen Handeln verbleiben und dass ich häufiger als früher an meine Grenzen stoße. Solche Situationen fordern immer wieder die innersten Stärken meiner Person heraus. Deswegen sollte ich erste Veränderungen auch in meiner körperlichen Befindlichkeit als Warnzeichen für Grenzsituationen wahrnehmen. Dafür muss ich meinen Körper und seine Reaktionen gut kennen. Ich muss verlässlich wissen, wo ich körperlich und seelisch stark bin und wo ich mich auf dünnem Eis bewege. So muss ich meine Stärken und Schwächen, meine Fähigkeiten im zwischenmenschlichen Miteinander und auch die Grenzen meiner technischen Geräte möglichst genau kennen.

Bei dieser Selbstbeobachtung können wir die verschiedensten Erfahrungen sammeln. Wenn wir dabei etwas von der Torheit unserer (sehenden) Vorurteile ahnen, können sich dann auch wieder ein halbwegs gesundes Selbstbewusstsein, Selbstvertrauen und ein Selbstbild ergeben, in dem auch die Sehschädigung mit all ihren Folgen ihren Platz hat. Lohnt sich die Anstrengung? Kommen wir jemals an?

Wertewandel oder nur Nachteile im Kampf ums Überleben?

Sollten wir angesichts eines »schlimmen Ereignisses« nicht vielleicht doch gleich innerlich und äußerlich stumm zurücktreten und das Feld des Lebens auch mit seinen Freuden den anderen, sehenden Menschen überlassen? Haben wir noch Platz im Lebensalltag einer Gesellschaft, in der der Einsatz von Ellenbogen von vielen ihrer Mitglieder als immer normaler erachtet wird? Und wenn ja, wie viel Platz haben wir mit unseren ständigen Defiziten?

Ich persönlich glaube, diese Frage positiv beantworten zu können, denn wir haben meist mehr Platz, als wir zu Anfang glauben. Ich gründe dieses feste Vertrauen, wie ich es hier vielleicht auch ein wenig vermitteln konnte, einmal auf meine ganz persönliche Lebenserfahrung und darauf, dass ich Menschen kenne, die auf den ersten Blick auch nicht vom Schicksal verwöhnt worden zu sein scheinen; sie waren aber in der Lage, ihren Platz für ein zufriedenes, ausgeglichenes Dasein zu finden. Dieser Platz ist durchaus auch ein anderer als der, den sie sich vor Jahren in ihrer Fantasie ausgemalt hatten. Und ihre Defizite sind zum Teil viel größer als die meinigen, und sie liebten ihre Bücher nicht weniger, als ich es tue.

Auch diese Menschen durchlitten und durchleben weiterhin schmerzhafte Reibereien und heftige Knuffe durch die manchmal zu engen Grenzen, an die sie stoßen. Unser Fluchen und das Wehgeschrei ertönen laut, um allmählich wieder zu verstummen und konstruktiveren Lösungsversuchen Platz zu machen.

In vielen Gesprächen mit diesen Menschen wurde mir klar, welchen Einfluss ich auf mein Leben nehmen kann durch Vorsicht, durch Neugier, Nachdenken, Veränderungen meines Verhaltens, durch gewandelte Erwartungen, durch eine besondere Beachtung bisher unbeachteter Kleinigkeiten, manchmal durch mehr Abwarten (jetzt Unabänderliches wirklich als solches stehen zu lassen), dann aber auch durch Zupacken. So hat sich vieles in meinem Leben verschoben.

Mir ist dabei das tiefe Bewusstsein unversehrt geblieben, stets (vielleicht von Gott) aufgehoben, nie auf Dauer verlassen zu sein. Dieses feste Vertrauen ermöglichte es mir, mich auf einen Wandel einzulassen.

Neue Ufer in Sicht!

Es ist mir heute zum Beispiel weniger wichtig, eine perfekte Bepflanzung auf meiner Terrasse zu besitzen (ich sehe sie ja nicht, und vor meinem inneren Auge ist sie fast immer schön).

Viel wichtiger ist es mir, in Ruhe all meine Pflanzen und Blüten zu berühren, ihre Lebenskraft zu spüren, ihren Duft, ihr Wachsen, Blühen, Verwelken und Früchte-Reifen direkt zu erleben. Meinen Gedanken hänge ich dabei nach. Auch so genanntes Ungeziefer beziehe ich in meine Versunkenheit mit ein. Die Freude meiner Freunde und Bekannten über meinen Erfolg berühren mich eher äußerlich. Nicht das Ziel ist das Wichtigste – zum Beispiel die schnelle Ordnung –, sondern der Weg dorthin. Nicht die Reinlichkeit des Geschirrs oder der Gläser ist mir das einzig Wichtige, ich genieße es vielmehr, schöne Formen und besondere Oberflächenstrukturen zu fühlen. Folge ich diesem Leitgedanken, so fühle ich mich immer wieder in meiner Lebenseinstellung bestärkt. Mein Leben wird dadurch ungeheuer bereichert.

Ich bemerke seit meiner Erblindung vor nunmehr zehn Jahren auch eine Veränderung im Umgang mit meinen Mitmenschen. Ich beobachte, dass er (mit wenigen Ausnahmen) insgesamt warmherziger geworden ist, oft weicher; ich selbst bin aufmerksamer gegenüber kleinen zuvorkommenden Verhaltensweisen geworden. Meine Mitmenschen erzählen mir oft glaubhaft, dass es ihnen mit mir genauso ergehe. Wie warm wird mir ums Herz bei diesen Worten! Während der ersten Jahre nach meiner Erblindung verletzte mich ein schroffer Umgang mit mir erheblich mehr als zu sehenden Zeiten. Sollte diese größere Verletzlichkeit der Preis für das Erleben der großen Warmherzigkeit sein? Nein! Denn mit zunehmender Gewandtheit meinerseits fühle ich mich den kalten Angriffen nicht mehr so schutzlos ausgeliefert und bin somit offen für gefühlsbetonte, spontane zwischenmenschliche Begegnungen geblieben.

Dieser besondere zwischenmenschliche Umgangston gibt mir immer wieder das Vertrauen, auch meine Selbstständigkeit zu leben: Ich bin mir sicher, dass ich im äußersten Notfall gewiss Hilfe bekommen werde, so wie ich das bisher stets erlebte. Dabei überrascht es mich immer wieder von neuem, mit welcher Aufmerksamkeit, mit welchem Einfühlungsvermögen und mit welcher besonderen Pfiffigkeit so viele der »Jüngsten« auf dem Gelände oder in der Nähe der Kinder- und Jugendpsychiatrie in Marburg mit mir umgehen. Meine vollste Hochachtung denen gegenüber, denen das Leben nicht immer zulächelt!

Blindheit oder Sehbehinderung ist manches Mal rasend unpraktisch. Aber wir alle können durchaus zu neuen Ufern aufbrechen und wieder innerlich frei in unserem Erleben und Handeln werden und damit zufriedene, ausgeglichene, lebendige Menschen. Ich wünsche, dass jeder von Ihnen, der heute bekümmert ist, dieses doch auf seine ganz eigene Art in absehbarer Zeit finden möge! Die Suche lohnt sich!

25 Schlussbetrachtungen

Die vier Jahreszeiten

Wie schnell vergehen doch zwölf Monate! Kaum ist die Jahreswende herum, kommt Ostern, der Sommerurlaub, dann nebliger Herbst, und schon weihnachtet es wieder. Wer kommt bei dieser Hektik schon nach?

Seitdem ich blind bin, hat sich vieles verändert: So nehme ich mir heute einfach die Zeit, eine Plastik mit allen Sinnen zu erleben, ihre Form, ihre Oberfläche, wie sie meine Nase reizt, welchen Klang sie beim Betasten, Beklopfen ertönen lässt. Dies sind Eindrücke, die sich mir sehr viel stärker einprägen, als es je sichtbare Reize geschafft haben. Aber wozu hätte ich auch früher länger hinsehen sollen als unbedingt nötig, ich wusste doch sehr schnell, wie etwas aussah; und hier und überall gab es noch so vieles, was auf meinen Blick wartete. Nur schnell, nur mehr und noch mehr!

Was erzählen mir Bäume, Tiere, Pflanzen, Wind und Sonne dagegen heute alles im Laufe eines Jahres!

Im Frühling berichten mir so viele Vogelmännchen davon, dass hier Bäume, Hecken, Sträucher wachsen. Ihre Weibchen zeigen mir durch ihr aufgeregtes Warnen, wie selten mein Weg hier von anderen Leuten begangen wird. Die Sonne beginnt täglich mehr und mehr mein Gesicht an den verschiedenen Seiten zu wärmen. Aus kleinen, feinsten Blättchen werden starke kräftige, die auch mal einem Sturm standhalten können. Das weiche, hellgrüne Gras lädt ein zu einem kleinen stillen Plausch mit dem Lenz. Wie stören die ersten Rasenmäher dabei!

Ausgesprochen spannend im Frühjahr sind die Düfte der Vorgärten: Was pflanzen meine Mitmenschen nur alles! Laue Winde tragen meiner Nase feinste Partikelchen zu. Was ist dies, was ist jenes? Wo kommt dieser Duft nur her, woher jener? Rätsel über Rätsel, die mir mein Mann (wie eigentlich alle mit gesunden Augen, aber nur wenig beachtetem Geruchssinn) fast nie beantworten kann.

Im Sommer lässt die Spannung nicht nach: Da untersuche ich die Blumen und ihre grünen Blätter auf unserer Dachterrasse, unterscheide voll Erblühtes von Jungmädchenhaftem oder von Knospen, unreife von fast reifen Früchten, die meiner Pflanze die Kraft für ein größeres Farbenmeer stehlen. Nicht nur jede Blüte, nein jedes Grün hat seinen ganz charakteristischen Duft. Ein Überdüngen lässt meine bunte Pracht im Unkraut versinken, begrünt alles, sogar die Regenrinne.

Laue Sommerabende verbringe ich häufig mit meinem Mann auf dem Hochsitz im Wald: Hier lausche ich dem lockenden Fiepen der Ricken; ihren verführerischen Duft verspüre ich nicht. Wozu auch? Ich bin doch kein Rehbock, sondern ein Weibchen, das seinen lieben Mann schon gefunden hat.

Beim Radeln weiß ich sehr genau, wie weit die Bauern mit ihrer Ernte sind: frisches Grünfutter, duftendes Heu, ganze Rapsfelder betören meine Nase; reifes Getreide riecht schon ganz typisch, aber die Ähren rauschen noch. Allmählich unterscheide ich auch das frisch abgeerntete Weizenfeld von dem des stumpf riechenden Hafers. Aber wer glaubt mir schon, wenn der Mähdrescher Halme und Körner als meine Zeugen bereits abgeschleppt hat!

Beim Schwimmen im nahe gelegenen Weiher versucht mein Mann meine Überlegenheit ihm gegenüber als alte Wettkampferprobte zu hintergehen. »Schiefschwimmerin, Schiefschwimmerin!«, lästert er auf einem Innenkurs im großen Kreis und hetzt mich hinter sich her. Hielte ich nur meinen Kopf schön über Wasser im »Alt-Oma-Stil«, dann zögen die warmen Sonnenstrahlen allmählich von der einen Gesichtshälfte zur anderen, meine Ohren wären wasserfrei und könnten registrieren, wie das Kindergejuchze durch sein Schwimmen im Kreis von der einen Seite zur anderen wandert. Bemerke ich jedoch seine engen Innenkurven, dann »hechte« ich ihm auf einem großen Außenkreis hinterher. Ich versuche, mich zu rächen, indem ich dem eigentlichen Schiefschwimmer in einem Akt großer Beschleunigung Wasser ins Gesicht spritze. Peinlich ist es nur, wenn der plätschernde Wasservogel schräg vor mir gar nicht mehr *mein* Schiefschwimmer ist!

Die Herbsttage werden allmählich immer kürzer. Da geschieht es häufig, dass ich mit Freunden plötzlich im Dunkeln stehe, ohne Licht – für mich ja kein Problem. Niemand, der mich in solch einer Situation begleitet, will sich jedoch auf meinen Stock verlassen, ebenso wenig wie auf mein Glasauge. Alle suchen nur immer nach einem rettenden Lichtschalter!

Der Wald hält jetzt sein eigenes feinstes Bestimmungsbuch für meine Nase bereit: harzige Kiefern, »Orangenduft« von Douglasien, Gerbstoffe von kräftigen Eichen, Kastanien, Ahorn, Moder. Auch als Stadtmensch rieche ich natürlich einen Brunfthirsch sehr deutlich. Herbststürme weisen so treu nach Osten wie die Kompassnadel gen Norden. Zu Hause schlägt mir berauschender Rumduft entgegen!

Der Winter bringt Eis und Schnee, birgt Rutschgefahren, lässt verlässliche Orientierungspunkte wie Kanaldeckel, Straßenschilder, Bordsteinkanten unsichtbar werden. Aber wie beflügelnd ist es, am Arm meines Mannes zu schliddern! Was juchzen wir beim Rodeln! Beim Skilaufen (mit einem sicheren Fachmann als akustischen Führer vor mir) kann ich endlich all meinen angestauten Energien freien Lauf lassen! Dabei handle ich mir jedes Jahr den größten Muskelkater aller Zeiten ein. Wie klingt auch meine Umgebung nach einem nächtlichen Schneefall so gedämpft! Entdeckungen über Entdeckungen!

Jetzt muss ich auch meine spanische Weihnachtskrippe wieder neu begrüßen. Da ihr typisches Dorfleben durch liebe Freunde aus der Ferne ständig wächst, trägt sie stets ein neues

Gesicht. An eigene Weihnachtsbäckereien traue ich mich noch nicht so recht heran, aber ein duftender Adventskranz und später der Weihnachtsbaum dürfen nie fehlen, ebenso wenig der Bummel über den Weihnachtsmarkt.

»Mit Speck fängt man Mäuse«: Mein Vogelhäuschen dicht neben dem Fensterspalt ist stets nur spärlich bestückt, die leckeren Körner verschwinden meist rasch und geräuschlos. Jedoch die gefiederten Gäste, die ein wenig später hier vergeblich auf Labung hoffen, verraten ihre Identität durch ganz unterschiedliches »enttäuschtes« Piepsen.

Unser Glockenspiel auf der Dachterrasse erzählt mir durch besonders harmonisches Bimmel-Bammel in Zwiesprache mit dem Wind schon von weitem, wo ich zu Hause bin. Der Wind verkündet hier nicht nur seine Tatkraft, sondern verrät auch seine augenblickliche Laune dadurch, dass er zum Beispiel kräftig am zentralen Klöppel zieht oder ihn nur ein wenig hin und her schwingen lässt. Regen oder Schnee beeinflussen den Klang des Glockenspiels kaum. Der Regen prasselt allerdings sehr lautstark auf unsere Dachfenster hernieder.

Nein, langweilig wird es mir als Blinde im Laufe eines Jahres nun wirklich nicht!

Als Cordula von Brandis-Stiehl stelle ich fest, dass ich meiner Sehkraft beraubt bin, wodurch mir Wahrnehmungsmöglichkeiten genommen wurden. Ich erlebe mich aber durch die gewandelte Aufmerksamkeit auf meine anderen Sinneswahrnehmungen, durch die Veränderung der Empfindungen und der besonderen zwischenmenschlichen Wärme, die ich erfahren darf, als derartig bereichert, dass mir die Vielfalt meiner erlebten Welt nicht als geschmälert erscheint. Mein neues Ufer ist anders als das alte, aber nicht minder faszinierend.

An »bunten« Tagen trinke ich deswegen aus einem praktisch stets »vollen« Glas, das durch göttliche Kraft – manchmal erscheint es mir auch, als wären es magische Vorgänge – nie »halb leer« wird. An anderen Tagen fühle ich mich, als wollten mir

Mitmenschen die Diagnose Pest gleichzeitig mit Aussatz und Verlausung aufdrängen. Zum Glück finde ich nie an mir eindeutige medizinische Anzeichen dafür. Ich stelle dann nur bei den anderen Anzeichen für »Vorurteil« und drohende »Diskriminierung« fest. Letztlich ist mir jedoch meine eigene Meinung immer wieder die wichtigste! Auf diesem Weg erlebe ich zum Glück liebe Begleiter, die den stürmischen Gegenwind zu einem lauen Lüftlein wandeln. Ihnen allen mein Dank, ohne sie hätten diese Seiten nie entstehen können.

Ich hoffe, als Leser haben Sie etwas von dieser Vielfalt in meinem Dasein und meiner Freude am Leben erspüren können.

Ergänzende Literatur

(ohne Anspruch auf Vollständigkeit)

Deuschel, A. (Herg.): Lesestücke für Sehleute, Münster 1998 (Auch akustisch zu beziehen bei (I) unter Nr. 5352, 10 Kass.)

Fogelberg, T.: Bevor es dunkel wird, Zürich 1995 (Auch akustisch zu beziehen bei (I) unter Nr. 4370, 4 Kass.)

Glofke-Schulz, E.-M./Rehmert, W. (Herg.): Die zerbrochene Kugel, Gießen 1999 (Auch akustisch zu beziehen bei (I) unter Nr. 5418, 5 Kass.)

Hull, J.-M.: Im Dunkeln Sehen, Erfahrungen eines Blinden, München 1992 (Auch ausleihbar bei (II) als ASCII-Datei und Blindenkurzschrift)

Kaluza, G., Strempel, I.: Autogenes Training in der Augenheilkunde, dargestellt am Beispiel des Glaukoms, Heidelberg 1994 (Auch akustisch ausleihbar bei (I) unter Nr. 5247, 4 Kass.)

Kuusisu, S.: Der Planet der Blinden, München 1998

Lusseyran, J.: Das wiedergefundene Licht, Die Autobiographie eines Menschen, den seine Blindheit sehen lehrte, Frankfurt 1981 (Akustisch u. a. auch ausleihbar bei (III) unter Nr. 9881, 6 Kass. bzw. bei (X) unter Nr. 2207)

Lusseyran, J.: ein neues Sehen der Welt, Gegen die Verschmutzung des Ich, Stuttgart 1993 (Auch ausleihbar bei (VI) unter Nr. 26PädSI5033, 3 Kass. bezw. bei (X) unter Nr. 13899)

Pünder, M.: Christine, aus dem Leben einer Späterblindeten, Leverkusen 1981

Schubert, D.: Dein Weg geht weiter (nur zu beziehen bei (V) als Schwarzdruck, Hörkassette oder ASCII-Datei)

Schuchardt, E.: Krise als Lernchance: Eine Analyse von Lebensgeschichten, Düsseldorf, 1985 (Akustisch ausleihbar bei (IV) unter Nr. YX-B158, 8 Kass.)

Schuchardt, E.: Warum gerade ich? Lebenlernen in Krisen, Göttingen 1996 (Auch akustisch zu beziehen bei (I) unter Nr. 5401, 13 Kass.)

Schulze, E.: Nicht verzagen, sondern wagen, (Als Schwarzdruck zu beziehen bei (VII), auch akustisch u. a. ausleihbar bei (VIII) unter Nr. 2582, 5 Kass. und bei (III, IX und X)

Schwertfeger, B., und Koch, K.: Der Therapieführer, 2. Auflage, München 1995 (Auch akustisch zu beziehen bei (I) unter Nr. 4982, 8 Kass.)

Seltmann, E.: Maulwurf oder der Alleingang. Ein Erblindender entdeckt die Welt neu, Reinbeck 1992 (Auch akustisch ausleihbar bei (II) als Disk)

Sullivan, T., Gil, G.: Wenn ihr sehen könntet, was ich höre. Ein Blinder besiegt sein Schicksal, Freiburg 1976 (Auch akustisch zu beziehen bei (I) unter Nr. 685, 5 Kass.) (Auch akustisch ausleihbar bei (IV) unter Nr. YX B4, 5 kass.

Besondere Bezugsquellen der genannten Literatur für blinde oder sehbehinderte Leser:

(Ohne Anspruch auf Vollständigkeit! Die jeweilige telefonische Vorwahl ist die Landesvorwahl und gilt nicht für Auslandsgespräche!)

(I) Deutscher Verein der Blinden und Sehbehinderten
in Studium und Beruf e. V. (DVBS),
Aufsprachedienst:
Frauenbergstr. 8;
D-35039 Marburg
Telefon: (0 64 21) 9 48 88-24

(II) Karl-Franzens-Universität Graz, Hauptbibliothek
Universitätsplatz 3
A-8010 Graz
Telefon: (03 16) 3 80-14 15
(als Direktversand)

(III) Marburger Blindenhörbücherei
Am Schlag 8
D-35037 Marburg
Telefon: (0 64 21) 6 06-2 65

(IV) Universitätsbibliothek Dortmund, Medienstelle,
Vogelputhsweg 76
44227 Dortmund
Telefon: (02 31) 7 55 40-63
(als Direktversand oder Fernleihe)

(V) Deutscher Blinden- und Sehbehindertenverband (DBSV),
Referat Öffentlichkeitsarbeit:
Rungestr. 19
D-10179 Berlin
Telefon: (0 30) 28 53 87-0

(VI) Gesamthochschul-Universitätsbibliothek Kassel,
Literaturversorgung für Sehgeschädigte
Diagonale 10
D-34127 Kassel
Telefon: (05 61) 8 04-34 13
(als Fernleihe oder Direktversand)

(VII) Christoffel-Blindenmission e. V.
Nibelungenstr. 124
D-64625 Bensheim
Telefon: (0 62 51) 13 12 92

(VIII) Evangelischer Blinden- und Sehbehindertendienst
Lessingstr. 5
D-35039 Marburg
Telefon: (0 64 21) 9 48 08 22

(IX) Bayrische Blindenhörbücherei, e. V.
Lothstr. 62
D-80335 München
Telefon: (0 89) 12 15 51-0

(X) Westdeutsche Blindenhörbücherei e. V.
Harkortstr. 9
D-48163 Münster
Telefon: (02 51) 71 99 01

Stand Februar 2001

Adressenliste

(ohne Anspruch auf Vollständigkeit)

Deutschland (Selbsthilfeorganisationen)

Bund zur Förderung der Sehbehinderten (BFS)
Geschäftsstelle
Max-Planck-Str. 24
D-40880 Ratingen

Deutscher Blinden- und Sehbehindertenverband (DBSV)
Geschäftsstelle (des bundesweiten Dachverbandes)
Bismarkallee 30
D-53173 Bonn
Tel.: (02 28) 9 55 82-0
»Rat und Hilfe«bundesweit: (0 18 05) 66 64 56

Deutscher Verein der Blinden und Sehbehinderten
in Studium und Beruf e. V. (DVBS)
Geschäftsstelle
Frauenbergstr. 8
D-35039 Marburg
Tel.: (0 64 21) 9 48 88-0

Glaukom-Informationsservice e. V.
Geschäftsstelle
Im Klostergarten 2
D-67161 Gönnheim
Tel.: (0 63 22) 98 82 83

Pro Retina Deutschland Vereinigung e. V.
(ehemals Deutsche Retinitis Pigmentosa Vereinigung, DRPV)
Geschäftsstelle
Vaalser Str. 108
D-52074 Aachen
Tel.: (02 41) 87 00 18

Deutschland (Bahnservice)

Reiseauskunft (mit einem besonderen Reservierungsservice):
(0 18 05) 99 66 33

Zentrale Organisationsstelle für Umsteigehilfen: (0 18 05) 125 125

Österreich (Selbsthilfeorganisationen)

Hilfsgemeinschaft der Blinden und Sehschwachen Österreichs
Treustr. 9
A-1200 Wien
Telefon: (01) 33 03 54 50

Östereichische Blindenwohlfahrt
Baumgartenstr. 69
A-1140 Wien
Telefon: (01) 91 41 14 10

Östereichischer Blinden- und Sehbehindertenverband
Geschäftsstelle
Hägelingasse 4-6
A-1140 Wien
Telefon: (01) 9 82 75 84

Östereichisches Retinitis Pigmentosa Forschungsprojekt
Geschäftsstelle
Maxergasse 27/17
A-1030 Wien
Telefon: (01) 7 10 35 25

Österreich (Bahnservice)

Zentrale Fahrplanauskunft, Fahrkartenbestellung 051717

Zentrale Behindertenhilfe: (01) 93 00 03 58 00

Schweiz (Selbsthilfeorganisationen)

Retina Swiss: Geschäfts- und Beratungsstelle
Ausstellungsstr. 36
CH-8005 Zürich
Telefon: (01) 4 44 10 77

Schweizerischer Blindenbund
Friedackerstr. 8
CH-8050 Zürich
Telefon: (01) 3 27 90 00

Schweizerischer Blinden- und Sehbehindertenverband
Zentralsekretariat
Laupenstr. 4
CH-3008 Bern
Telefon: (0 31) 3 90 88 00

Schweizerischer Zentralverein für das Blindenwesen
Schützengasse 4
CH-9000 Sankt Gallen
Telefon: (071) 2 23 36 36

Schweiz (Bahnservice)

Fahrplanauskunft, Reservationen:: 0900 300 300

Mobilitätshilfe für die großen Bahnhöfe (kostenfrei): 08 00 00 71 02

Stand: Februar 2001

Die Autorin

Zu meiner Person:

Ich entstamme einer Familie mit einer erblich bedingten Netzhautdegeneration. Mehrere Mitglieder meiner Familie sind davon betroffen. Als einzige von ihnen erblindete ich 1990 vollständig an außergewöhnlichen Komplikationen.

Nach meinem Erststudium Biologie/Mathematik fand ich endlich in Spanien die Möglichkeit, meinen Traum eines Medizinstudiums zu verwirklichen. Nach meiner Erblindung dort im Alter von 38 Jahren, nach den letzten erfolgreichen Prüfungen und einer blindentechnischen Rehabilitation absolvierte ich als Ärztin eine psychotherapeutische Ausbildung und arbeitete einige Jahre in einem Psychiatrischen Krankenhaus. Aus bürokratischen Gründen war ich zwischenzeitlich als »Heilpraktikerin« tätig, darf heute aber doch eine eigene ärztliche Praxis für Psychotherapie führen.

Jetzt arbeite ich hauptsächlich nach tiefenpsychologisch fundierten Grundsätzen mit erlebnisorientierten Anteilen. Diese entstammen vor allem der Katathym-Imaginativen Therapie nach Leuner und der Integrativen Bewegungstherapie.